TONI INNAUER
EIN NEUES LEBEN

**VOM GUTEN VORSATZ
ZUR TÄGLICHEN GEWOHNHEIT**

csv

Gewidmet meinem
„inneren Schweinehund".
Und seinen unzähligen Verwandten,
die sich gerade von meinen Leserinnen
und Lesern kraulen und
füttern lassen.

Inhaltsübersicht

EINLEITUNG
5

KAPITEL 1
Die Macht der Gewohnheit
21

KAPITEL 2
Veränderung und Umlernen
45

KAPITEL 3
Blending
65

KAPITEL 4
Hilfe und Motivation
79

KAPITEL 5
Bei der Sache bleiben
99

KAPITEL 6
Bewegung
115

KAPITEL 7
Erholung und Entspannung
133

KAPITEL 8
Ernährung
149

KAPITEL 9
Alltagsrituale
167

KAPITEL 10
Augenmaß
183

KAPITEL 11
Digitales und Mobilität
201

KAPITEL 12
Schlaf
221

LITERATURVERZEICHNIS
236

EINLEITUNG

Woran auch die besten Vorsätze scheitern können

Viele Vorsätze werden in Ausnahmesituationen gefasst. Das ist ihr Zauber – und auch ihr Problem. Wenn die Neujahrsraketen in den Himmel steigen, wenn die Kerzen auf der Torte zum runden Geburtstag ausgeblasen werden, wenn aus irgendeinem anderen Grund der Wunsch nach Veränderung in uns hochkommt, dann fallen uns nur dieser Wunsch – und das erreichte Ziel – ein. Nicht aber die Zeit dazwischen. Das ist der wichtigste Grund, warum so viele gute Vorsätze im Sand verlaufen.

Das spontane Bedürfnis nach Veränderung zieht nur selten in Betracht, dass der Weg zum Ziel sehr viel Energie kostet. Oft entsteht der Veränderungswunsch aus Unzufriedenheit über den momentanen Zustand. Du steigst auf die Waage – und bist zu schwer. Du betrachtest deine Wohnung – zu viel Glumpert. Du solltest besser Englisch sprechen – musst dich aber mit den wenigen Phrasen, die du kannst, unwürdig durchschwindeln.

Aus Unzufriedenheit darüber entsteht der Vorsatz, es besser zu machen. Ein neues Leben zu beginnen: „Morgen. Und wenn net morgen, dann übermorgen. Oder zumindest irgendwann."

Die Kollegen von der kabarattistisch hochbegabten Rockband *Erste Allgemeine Verunsicherung* kennen sich mit solchen Vorsätzen offenbar ziemlich gut aus.

EINLEITUNG

Irgendwer hat mir einmal gesagt, dass sich der Mensch stark darüber definiert, ob er seine Versprechen halten kann. Das gilt natürlich auch für die Versprechen, die er sich selbst gegeben hat: seine guten Vorsätze. „I never made promises lightly", singt Sting in seinem Song „Fields of Gold". Er habe niemals leichtfertig Versprechungen gemacht – gebrochen habe er trotzdem einige davon.

Ein Vorsatz ist eine hell funkelnde, aber leere Hülle, wenn er sich nicht in einen Prozess ummünzen lässt. Wenn du zum Beispiel den Wunsch hast, deinen Fitnesszustand zu verbessern und damit auch Gewicht zu verlieren, wird das scheitern, wenn du nicht den Raum und die Zeit, die solche Veränderungen von Gewohnheiten bedingen, in dein Leben einplanst. Du musst darüber nachdenken, wie du die Veränderung zum Teil deines Lebens machst – jetzt kommt nämlich die traurige Wahrheit, die aber gleichzeitig auch eine frohe Botschaft ist: Willenskraft allein reicht nicht aus. Der Fokus auf den starken Willen scheint logisch, ist aber meist ein zu steiler (Holz-)Weg. Geschickt angelegte Serpentinen führen langsamer, aber verlässlicher zum Gipfel.

Ich kenne das aus vielen Gesprächen, zum Beispiel mit Rauchern.

„Wann hörst du endlich zu rauchen auf, alter Freund?"

„Es schmeckt mir noch immer, Toni, du wirst es nicht glauben. Aber wenn es so weit ist und ich wirklich will, dann höre ich von einem Tag auf den anderen auf."

Das kann sich aber als Irrtum herausstellen. Denn das Rauchen hat – wie viele andere ungesunde Angewohnheiten – ein physiologisches und psychologisches Bedürfnis erzeugt, mit dem sich die Willenskraft nicht unbedingt messen kann.

EINLEITUNG

Wer realistisch ist, wird also im Hinterkopf haben, dass größere Widerstände zu überwinden sein werden. Wird einen Prozess aufsetzen, sich Unterstützung holen und mit allen Tricks, die zur Verfügung stehen, alte Gewohnheiten durch neue ersetzen.

Ein schnelles Beispiel aus dem Spitzensport: Als wir uns in der Springer-Nationalmannschaft vornahmen, in Zukunft nicht mehr im klassischen Stil, sondern im V-Stil zu springen, wäre der Vorsatz allein zu wenig gewesen. Um das zu verstehen, muss man kein Sportwissenschaftler sein. Wir begannen vielmehr einen langwierigen Prozess des Ausprobierens, Scheiterns und Dranbleibens, der uns ein Wechselbad der Gefühle bescherte. Im Nachgang betrachtet war besonders hilfreich, dass wir ein üppiges Zeitbudget für den Umlernprozess eingeplant und alle gemeinsam daran gearbeitet haben. In anderen Bereichen, wo es um große und schwierige Verhaltensveränderungen geht, wie etwa bei den Anonymen Alkoholikern, in Gruppenprogrammen für Rauchentwöhnung oder für Menschen, die ihr Gewicht reduzieren wollen, wissen die Beteiligten um die Bedeutung von Zeit

Wenn du zehn Kilo abnehmen willst, nimm zuerst einmal ein Kilo ab.
Und freu dich über das eine Kilogramm, das du los bist. Ärgere dich nicht über die neun, die dir noch fehlen.

EINLEITUNG

und Gruppe. Auch wir, die Gruppe der „prominenten Klassiker" auf dem Weg zum Skisprung-V, lernten und teilten Fortschritte und Abstürze im Team, und wir erlitten – öfter als erwartet – Rückschläge. Wir verbesserten uns, aber nicht so schnell, wie wir eigentlich wollten. Wir mussten nicht nur den neuen Sprungstil erlernen, sondern auch lernen zu warten, das Warten auszuhalten, es erträglicher zu machen und mit unverminderter Energie und ungebrochener Experimentierfreude dem Zeitpunkt entgegenzugehen, an dem sich die Wirkung unseres Prozesses endlich entfaltete.

Wenn du zum Beispiel abnehmen möchtest, von einer sportlichen Badefigur im Sommer oder einer deutlich kleineren Konfektionsgröße träumst, empfiehlt es sich nicht, an Zaubertricks oder Hollywood-Diäten zu glauben. Am Anfang steht das Akzeptieren der Grundgesetzmäßigkeiten. Das Körpergewicht ist das Resultat aus Energiezufuhr und Energieverbrennung. Verbrennen heißt Bewegung. Alles, was du isst und trinkst, muss also in einem bestimmten Verhältnis zur Bewegung stehen, die du ausübst – sonst sind ein effizienter Abnehmprozess und eine beständige Gewichtsreduktion physiologisch einfach nicht möglich.

Natürlich empfiehlt sich dabei ein Mix aus sogenannten gerichteten und ungerichteten Maßnahmen, wie ihn der Genetiker und grandiose Autor Markus Hengstschläger für die Lösungsfindung in vielen Bereichen vorschlägt. Bei der Entwicklung der „gerichteten" Ansätze stellt die Hilfe von Ernährungsberaterinnen oder -beratern die Grundarchitektur dar. Der Einsatz der „ungerichteten" Maßnahmen kann ein interessantes Spiel beinhalten, mit dem man den Alltag kreativ, smart und sinnvoll

EINLEITUNG

verändert. Es können Tricks zur Selbstüberlistung genauso sein wie das Unterbinden und Austauschen schlechter Ernährungsgewohnheiten, indem man zum Beispiel die Pralinen und Kekse, die Energydrinks oder Zuckerlimos und Colas, mit denen man sich zwischendurch belohnt (und die energiemäßig in der Summe ganz schön was zusammenkommen lassen), einfach nicht mehr in den Einkaufswagen legt, sondern z. B. Studentenfutter kauft.

Aber natürlich reicht es nicht, ernährungsmäßig auf die Bremse zu steigen. Es braucht dringend eine tragfähige Grundstruktur aus objektiven gerichteten Maßnahmen, wie zum Beispiel die Überprüfung des gefühlten Gewichtsverlusts durch die Waage und/oder die gemessene Veränderung der Körperkomposition (die *Impedanzmessung,* die Auskunft über das Verhältnis von Muskulatur zu Fett und Wasser gibt).

Im Profisport werden über Tage Essgewohnheiten nicht nur abgefragt, sondern das Essen wird buchstäblich auf die Goldwaage gelegt. Jeder Esslöffel Öl, jede Nudel, jedes Salatblatt, jedes Filet, jedes Bierchen wird abgewogen, um die tatsächliche Nahrungszufuhr zu ermitteln und sie von der „gefühlten" – und meist geschönten – unterscheiden zu können ...

Gerade im Spitzensport hatte die Willenskraft lang ein besonders gutes Image: „Ich werde besser, weil ich besser werden will." Sieger wird am Ende der, der es mehr wollte. Aber stimmt das wirklich?

Wir sind inzwischen draufgekommen, dass es größeren Erfolg verspricht, diesen Vorsatz mit langem Atem, Neugier, Geschicklichkeit und Geduld anzugehen, statt mit permanentem, auf sich selbst gerichtetem Erfolgszwang und Siegeswillen. Diese

EINLEITUNG

Herangehensweise kann nämlich schlagartig in Angst vor der Blamage und Niederlage kippen. Gerade sehr Begabte, die mit dem Kopf in den Wolken nur an den Sieg denken, kentern im rauen Seegang der überzogenen Erwartungen. Das gilt für Training und Lernprozesse jeglicher Art genauso wie für den sportlichen Wettkampf.

> **Hab nicht das ganz große Ziel vor Augen. Kümmere dich lieber um Zwischenschritte.**
> Dann hast du eine gute Chance, weiter zu kommen, als du jemals dachtest.

Das beste Beispiel dafür war für mich der deutsche Skispringer Severin Freund. Mein Kollege und Freund Werner Schuster, der die deutsche Skisprung-Nationalmannschaft viele Jahre lang erfolgreich trainiert hat, sagt in seinem Buch „Abheben" zusammenfassend über Severin: Vom Talent her gab es in Österreich einige Athleten, die gleich gut oder besser waren als er. Aber Severin hatte zwei herausragende Fähigkeiten. Er war intelligent. Und er war beharrlich.

Er vertiefte sich in die vielen Teilbereiche, die beim Skispringen inzwischen trainiert werden, nahm die Feedbacks, die er vom Trainerteam bekam, wissbegierig auf. Er ließ die Korrekturen, die Anregungen für Verbesserungen oder Verfeinerungspotenziale nicht nur pflichtschuldig auf sich einwirken. Die zunehmend

EINLEITUNG

positiveren Erfahrungen und Entdeckungen, die er dabei machte, wirkten gleichzeitig als emotionale Glückserlebnisse. In aller Ruhe durchlief er diesen Entdeckungs- und Entwicklungsprozess, erstaunlicherweise bis ganz an die Weltspitze. Der einst nicht sonderlich auffällige Severin Freund wurde mit dem großartigen Begleiter und Trainer Schuster schließlich Gesamtweltcupsieger und Weltmeister.

Das Prinzip dahinter nennt sich – nachzulesen bei Konrad Lorenz – *Funktionslust*. Dinge, die anfänglich sehr schwer zu erlernen sind und nur von wenigen beherrscht werden, lösen beim Durchführenden ein starkes Lustgefühl und das Bedürfnis nach Wiederholung aus, sobald sie auf hohem Niveau beherrscht werden. Dieses Phänomen des Sich-Aufschaukelns wirkt prinzipiell auf allen Stufen, die im Werdegang einer Sportlerin oder eines Sportlers durchlaufen werden, und produziert Lust auf die jeweils nächste Herausforderung.

Die beschriebenen Glücksmomente sind ganz wichtige Verbündete, wenn wir unsere Vorsätze in die Realität umsetzen wollen. Ich kann das aus meiner eigenen Erfahrung beim Gitarrenspielen berichten, einer Disziplin, für die ich in meiner Karriere als Spitzensportler selbstredend nicht speziell ausgebildet wurde. Im Gegenteil, weder meine Begabung noch der Support aus meinem nächsten Umfeld waren vielversprechend. „Mach bitte alles außer Musizieren", meinte Mutter Innauer angesichts meiner ersten verunglückten Versuche.

Ich hatte das Privileg, Lehrer wie Michael Langer zu haben, die mir eine anspruchsvolle Technik – die mir am Anfang völlig unerreichbar schien – auf eine einfühlsame Weise nahebrachten,

EINLEITUNG

bis ich bei der allmählichen Bewältigung der Herausforderungen dieser Schlagmuster ein ähnliches Glück empfand, wie es Severin nach einem geglückten Erlebnis im Training oder auf der Schanze empfunden haben mag.

Die Hirnforschung kennt dieses Phänomen. Wenn ein Lebewesen eine Aufgabe, die ihm zu schwierig schien, wider Erwarten doch schafft, wird es dafür vom Hirn mit einem besonders großen Glücksgefühl belohnt. Diese Belohnung – das Aha-Erlebnis – ist ein evolutionäres Ereignis und ein Entwicklungsbooster: Die bei der Lösung verwendeten neuronalen Netzwerke und Verbindungsmuster werden auf diese Art intensiver wahrgenommen und im Gehirn verankert. Die Lust auf Wiederholung, die *Appetenz,* die sich bis zu Sucht steigern kann, wird spürbar. Das besondere Glücksgefühl ist Belohnung und Neuro-Tuning zugleich.

Dieses Glücksgefühl ist mir vertraut, genauso wie die Jagd danach. Ich habe mich selbst – und als Trainer meine Sportler und uns Trainer – immer wieder herausgefordert, neue Dinge zu lernen, weil der Durchbruch im Lernprozess unvermeidlich mit besagtem Glücksgefühl belohnt wird. So blüht die von innen kommende Motivation auf.

Nehmen wir als Beispiel das Jonglieren. Wenn du beginnst, die drei (oder später auch vier oder fünf) Bälle in die Luft zu werfen und rotieren zu lassen, musst du dich ziemlich oft bücken, weil die Koordination noch nicht stimmt und die Bälle auf den Boden fallen. Ein Trainer, der die Fallen und Irrwege, aber auch die methodischen Abkürzungen und Tricks kennt, ist bei diesem Lernprozess Gold wert. Christoph Heinzle hat uns Skispringer in den Neunzigerjahren zu Ball-Akrobaten gemacht und uns zahl-

EINLEITUNG

lose Glücksbäder beschert. Denn sobald die Bälle in der Luft bleiben, überflutet dich ein Glücksgefühl. Dein Körper, deine Wahrnehmung, dein Rhythmusgefühl können auf einmal mehr, als sich das Großhirn vorstellen kann. Man staunt über sich selbst. Es treibt dich an, es gleich wieder zu probieren, nicht nur damit Muster und Erlebnis nicht verschwinden, sondern damit sie noch einmal funktionieren und noch einmal. Du übst, meisterst die Aufgabe und wirst zeitgleich dafür belohnt – und verankerst durch die Übung deine frisch entdeckten Fähigkeiten im Gehirn.

Musikerinnen und Musiker möchten die schwierige Passage, die ihnen gerade zum ersten Mal fehlerfrei geglückt ist, gleich noch einmal spielen, vielleicht sogar einen Tick schneller oder ausdrucksstärker. Sportlerinnen und Sportler möchten die Übung wiederholen, vielleicht sogar unter erhöhten Schwierigkeiten. Das Ziel besteht darin, das Muster, das diese sogenannte *Neuronendusche* ausgelöst hat, wieder zu treffen, die Belohnung erneut zu erleben. Es ist diese Überdosis von Botenstoffen, die gelungene Verbindungen und Muster im Gehirn stärkt, unser Lernorgan besonders anpassungsfähig macht und dabei hilft, das hochemotionale Erlebnis und sein Muster abzuspeichern.

An dieser Stelle kommen zwei wesentliche Bausteine für den Erfolg des Lernens in Spiel: Ausdauer und Beharrlichkeit. Der österreichische Verhaltensökonom Matthias Sutter stellt in seinem Buch „Die Entdeckung der Geduld" fest, dass Ausdauer sogar höher zu bewerten sei als Talent – eine These, die im Sport, gerade unter den Skispringern, eher nachsichtig belächelt wurde.

Ich möchte dazu noch einmal die Wege von Severin Freund und Andreas Kofler, dem Olympiazweiten von Turin 2006 und Vierschanzentournee-Sieger 2009/10, beleuchten. Natürlich waren beide talentiert, aber nicht so unübersehbar wie ein Schlierenzauer oder ein Morgenstern. Als Schüler und Jugendliche waren weder Kofler noch Freund Überflieger. Beide besaßen aber eine Beharrlichkeit, die es ihnen erlaubte, sich in ihrer Entwicklung ständig bei Laune zu halten. Sie setzten sich ihre Ziele so, dass sie zwar anspruchsvoll, aber mit Geduld und Einsatz auch erreichbar waren und immunisierten sich gegen die Enttäuschung, wenn der ganz große Wurf trotz aller Anstrengung nicht sofort gelang. Es waren das Vertrauen und die Erfahrung vorhanden, dass steter Tropfen den Stein höhlen wird. Wer würde diesen Zugang besser verkörpern als Thomas Muster und sein Weg zur Nummer eins im Welttennis? Im Vergleich zu Horst Skoff wurde ihm das dafür nötige Talent von vielen Experten abgesprochen. Vielleicht weil man damals noch nicht erkannt hatte, dass Beharrlichkeit und Geduld, die Fähigkeit zu verzichten, warten zu können und sich selbst motiviert zu halten, unabdingbar zum Talent und Entwicklungspotenzial eines Individuums hinzugerechnet werden müssen.

Und damit sind wir wieder zurück beim Thema, dem Vorsatz. Der Vorsatz, etwas im eigenen Leben zu verändern, zu verbessern, sollte nicht sofort und ausschließlich auf das Endergebnis zielen. Thomas Muster zum Beispiel nahm sich nicht a priori vor, den Grand Slam in Paris zu gewinnen und die Nummer eins der Tenniswelt zu werden. Weg und Prozess wurden in passende und sinnvolle kleine Einheiten, Entwicklungsschritte und Zwischenziele aufgeteilt, um sich mit Erreichen jedes Teilziels sowohl zu belohnen als auch weiter zu motivieren.

Zweifellos hatte er auf dieser Reise mit Ronnie Leitgeb einen kongenialen Coach und Strategen an seiner Seite, der ihm half, die Stärken und Schwächen seines Spiels zu erkennen, neue Elemente aufzunehmen, bis zur Automatisierung einzudrillen und im Wettkampf mit Selbstvertrauen einzusetzen. Einen geborenen „Sandplatzwühler" wie Thomas Muster zum gefährlichen Hartplatz-Strategen umzuformen, war ein kühnes Vorhaben, aber unerlässlich, um genug Punkte für den Traum von der Nummer eins zu sammeln. Spätestens bei diesem aufwendigen Prozess und auch bei Musters Comeback nach seinem Autounfall in Miami

Achtung: Sobald du einen Vorsatz fasst, fängt die Arbeit an.
Solltest du für diese Arbeit keine Zeit, keinen Raum oder keine Lust darauf haben, dann fasse bitte keinen Vorsatz.
Nicht einmal einen kleinen.

wurde deutlich: Ausdauer schlägt Talent. Vielleicht muss man es aber auch so formulieren: Ausdauer war zu lange ein unterschätztes Talent. Das gilt übrigens auch in anderen Lebensbereichen: Sobald etwas zur Gewohnheit geworden ist, verlangt es uns viel weniger Energie ab. Die entsprechende Entscheidung trifft sich sozusagen von selbst. Es ist vielleicht nicht besonders spektakulär, nur ein Kilogramm abnehmen zu wollen, vor allem, wenn man eigentlich zehn Kilo loswerden will. Aber es ist realistischer – und es setzt den richtigen Prozess in Gang. Slalomfahrer sagen gerne: „Ich fahre möglichst gut von Tor zu Tor und denke während des Fahrens nicht ans Ziel oder ans Podest." Muster spielte mit voller Hingabe Schlag für Schlag, Punkt für Punkt, Game für Game. Egal, ob er im Rückstand war oder geführt hat, er war immer voll bei der Sache, beim Ball und bei seinem Konzept. Das machte es seinen Gegnern so schwer, in seinen Kopf hineinzukommen.

Ein grundvernünftiger Tipp, den ein Ernährungsberater unseren Skispringern gegeben hat, war übrigens das Führen eines Ernährungstagebuchs. Wenn du dir nicht aufschreibst, was du isst, weißt du es schon am nächsten Tag nicht mehr. Du hast vielleicht das Gefühl, weniger gegessen zu haben als sonst – aber vielleicht stimmt das nur in deiner eigenen Wahrnehmung?

Dazu kam die Waage ins Spiel. Wie in der Raumfahrt wurde nicht nur die Salatsauce in ihre Bestandteile zerlegt. Wie bei einem Trainingstagebuch, wenn es ordentlich und ehrlich geführt ist, bekommst du einen Überblick, der dir eine genaue Einschätzung erlaubt. Auf der Basis von korrekt erhobenen Daten wurde zum Beispiel vermutetes *Over-Eating*, wie es Mika Kojonkoski als

Nimm dir nicht zu viel vor.
Dein guter Vorsatz kann nämlich von heute auf morgen in die Angst vor einer Niederlage und der damit verbundenen Blamage kippen.

EINLEITUNG

ÖSV-Coach bezeichnet hat, widerlegt oder bestätigt. Natürlich sollte man es nicht so weit treiben wie im Profisport, wo gerade bei den Skispringern gelegentlich bedenklich ausartende Ess- bzw. Nicht-Essgewohnheiten herrschen, doch Klarheit und Überblick über Quantität und Qualität meiner Nahrungsaufnahme machen vernünftige Vorsätze und Planungen erfolgversprechender.

Es ist nicht unwahrscheinlich, dass mein letztes Buch „Die 12 Tiroler" den einen oder anderen Vorsatz begründet hat. Es wurde oft in bester Absicht gekauft oder verschenkt. Viele Menschen haben mir gesagt, sie hätten schon mit dem Kauf des Buches den Vorsatz verbunden, mehr Bewegung in den eigenen Alltag zu bringen – oder Partner, Partnerin, Verwandte oder Freunde dadurch zu inspirieren. Kürzlich sprach mich ein Mann Mitte vierzig fast vorwurfsvoll an: „Ihr Buch habe ich von drei Bekannten zu Weihnachten bekommen. Ich habe auch gleich damit angefangen, bin aber irgendwo zwischen Flusskrebs und Dachs stecken geblieben!"

Natürlich wusste ich, dass zwölf Übungen, so einfach und unterhaltsam sie auch sind, für viele Menschen ein für den Anfang zu großer Vorsatz sein könnten. Wenn ich bei Veranstaltungen Bücher signierte, schrieb ich deshalb ins Buch: „Bleib dran! Viel Spaß! Sechs genügen am Anfang!"

Wenn ich dann Menschen wiedertraf, von denen ich wusste, dass sie das Buch besaßen, fragte ich manchmal: „Und? Wie lange hast du die Tiroler gemacht?"

Erfreulicherweise gibt es solche, die zurückmeldeten, dass die zwölf Übungen von der „Bachforelle" bis zum „Steinadler" Teil ihres Lebens geworden sind, oder dass sie zumindest zwei, drei

EINLEITUNG

Viecherln adoptiert und liebgewonnen haben. Manche erzählten, dass sie die eine oder andere Übung ihren Bedürfnissen angepasst hätten oder durch eine andere ersetzen. Ich freute mich über jede einzelne dieser Reaktionen.

Aber es gab auch die, die sagten: „Ich habe mit den Tirolern angefangen, weil ich weiß, dass ich unbedingt etwas tun sollte. Lustige Idee, aber irgendwann, nach dem Lockdown, ist mir der Elan ausgegangen …"

Natürlich habe ich mich gefragt, warum sie nicht drangeblieben sind. Die Antwort ist nicht schwer zu erraten: Weil sie keine Gewohnheit daraus gemacht haben. Weil es sie jeden Tag von Neuem Kraft gekostet hat, sich dafür zu entscheiden, die „Bachforelle", den „Dachs" und den „Gamsbock" zu turnen. Weil kein Ritual etabliert wurde, kein passender, gewohnter Zeitpunkt gefunden, kein Ort dafür definiert wurde. Weil weder im Außen noch im Innen eine entsprechende Struktur entstanden ist, und weil deswegen irgendwann die Energie für die Entscheidung, die Übungen zu machen, nicht mehr vorhanden war.

Ich selbst habe eine Gewohnheit aus den Tirolern gemacht, die Alpentiere gezähmt. Wie hat doch Saint-Exupéry den Fuchs in „Der kleine Prinz" anmerken lassen: „Man versteht nur die Dinge, die man zähmt!" Fünf bis sechs Übungen mache ich in der Früh im Bett, andere nach dem geliebten mittäglichen *Powernap*, die letzten vor dem Fernseher oder vor dem Schlafengehen.

Die Behauptung, mit den Tirolern anzufangen, koste mich keine Startenergie mehr, wäre gelogen. Aber sobald ich die „Bachforelle" zehnmal gemacht habe, gibt sie mir etwas zurück, wirft etwas an in mir und spendet mir Energie für die nächsten Übungen. Der Prozess, den ich in Gang gesetzt habe, ist mir – nach

EINLEITUNG

dem Läuten des Weckers – zur Gewohnheit geworden, und aus der Gewohnheit wurde ein Bedürfnis. Ich denke selten an die Überwindung, die es kostet, die Matte auszurollen und zu turnen – ich fange an im Vertrauen auf das vitalisierende Gefühl, das mir die absolvierten Übungen schenken werden. Mein Vorsatz ist zur Gewohnheit geworden, zu einem Teil meines Lebens, den ich vermisse, wenn er aus irgendeinem Grund nicht stattfinden kann.

KAPITEL 1

LERN DICH KENNEN!

Wie uns die Macht der Gewohnheit leitet und wie wir uns gute Angewohnheiten zunutze machen können

GEWOHNHEIT

Im ersten Jahr, als ich Cheftrainer der österreichischen Skisprung-Nationalmannschaft war, störte mich eine der althergebrachten Regeln ganz besonders: Unser Team musste bei jedem Training die ersten Sprünge absolvieren.

Das war seit Weltcup-Beginn gängige Praxis, weil im Skisprung-Weltcup das englische Alphabet gilt. Unsere Mannschaft startete unter dem Kürzel AUT und stand damit automatisch als erste auf der Schanze, weil im Skispringen weder Australier noch Albaner am Start waren.

Das war allerdings kein Vorteil. Wir waren an jedem Wettkampfort die Test-Dummys für neu präparierte Schanzen – und für die jeweilige Jury, die noch nicht wissen konnte, wie viel Anlauf sie den Athleten zugestehen sollte. Sehr oft war dieser Sprung für die meisten meiner Sportler für die Katz. Nachher stellte sich heraus, dass die Spur noch nachgebessert werden musste, dass sie zu schlecht eingefahren war und dass der Anlauf viel zu kurz für einen vernünftigen Sprung gewesen war. Manchmal war es auch gefährlich, weil meinen Springern zu viel Anlauf zugemutet wurde.

Nun war es ein echter Wettbewerbsnachteil, wenn aufgrund schwieriger Wetter- und Schneeverhältnisse ohnehin nur wenige Trainingssprünge zur Verfügung stehen – und wir jedes Mal die hochriskante und lästige Testarbeit für die Konkurrenz verrichten mussten.

Ich machte also den Vorschlag, man möge fairerweise an jedem Wettkampfort nach einem alphabetischen Radlsystem eine andere Nation als Spurkommando einsetzen. Das stieß allerdings auf wilde Empörung bei einigen Konkurrenznationen: „Was soll das, das war immer schon so. Keinen deiner Vorgänger hat das gestört. Du kommst als junger Trainer und machst Wirbel in einem bewährten System!"

Unsere Konkurrenten hatten es sich nämlich zur bequemen, nervensparenden und liebgewonnenen Gewohnheit gemacht, uns Österreicher beim Schanzentesten genau zu beobachten und ihre Schlüsse daraus zu ziehen. Sogar meine Vorgänger im eigenen Team hatten sich über die Jahre an diesen Ablauf gewöhnt. Es brauchte viel Energie, Geduld, eine Abkühlungsphase und einen offiziellen Antrag beim Internationalen Skiverband, um die offensichtliche Ungerechtigkeit endlich zu korrigieren. Inzwischen wird längst in der Reihenfolge des laufenden Weltcup-Standes und nicht mehr nach Nationen sortiert trainiert.

Der Widerstand gegen die überfällige Veränderung kam übrigens nicht aus mangelnder Einsicht in die für jeden und jede verständlichen Zusammenhänge. Es war vielmehr so, dass sich niemand von der etablierten Gewohnheit lösen wollte, die unhinterfragt und selbstverständlich auf unsere Kosten und unser Risiko ging.

Gewohnheiten haben eine erstaunliche Kraft. Sie steuern mehr als die Hälfte unseres Verhaltens. Sie wirken leise und unauffällig, meist von uns selbst unbeachtet im Hintergrund. Gewohnheiten sparen Energie, weil sie so selbstverständlich anspringen wie der Thermostat einer Heizung bei einer bestimmten Temperatur. Sie tragen dazu bei, dass nicht jeder einzelnen Handlung eine anstrengende Entscheidung oder Überwindung vorangehen muss. Stefanie Stahl, Psychotherapeutin und Autorin des Bestsellers „Das Kind in dir muss Heimat finden" erklärt: „Der Grund, warum feste Strukturen so wichtig für uns sind, ist der, dass wir uns nicht immer wieder neu entscheiden müssen. Der Wille und die Entscheidungsfähigkeit hängen nämlich eng miteinander zusammen, und beide können total erlahmen, wenn sie überfordert sind."

Wenn wir wenig unter Leuten sind, uns also der Vergleich fehlt, dann fallen uns die eigenen Gewohnheiten auch kaum auf. Wir brauchen die Gesellschaft als Spiegel und Vergleichsgröße, um wahrzunehmen, nach welchen Gewohnheiten wir ticken – und um festzustellen, dass andere Menschen ähnliche oder völlig abweichende Gewohnheiten ausgebildet haben als wir selbst.

Um diese Kontraste zu erleben, muss man nicht erst – andere Länder andere Sitten – nach Japan oder Brasilien reisen. Es genügt ein Besuch beim Wirt im eigenen Ort, ein Einkauf im Supermarkt oder eine simple Zugfahrt: Manche Menschen reden und telefonieren selbst im Ruheabteil dermaßen laut, dass man sich kaum auf die eigene Unterhaltung, geschweige denn auf ein Buch konzentrieren kann. In ländlichen Gegenden grüßen sich die Menschen bei einer Begegnung auf der Straße, anders als in der Stadt. Im Autoverkehr passen sich die Gewohnheiten oft der Größe der eigenen Prunkkarosse an – wir alle kennen die Menschen, die gewohnheitsmäßig gleich zwei Parkplätze für sich beanspruchen, damit sie sich beim Aussteigen nicht „dünn machen" müssen und der geliebte Wagen genug Sicherheitsabstand zu den anderen parkenden Autos hat.

Gewohnheiten kommen nicht von heute auf morgen. Es dauert seine Zeit, um sie zu etablieren. Allerdings ist das Etablieren von Gewohnheiten der Königsweg, um einen Vorsatz, den formulierten Willen zur Veränderung des eigenen Lebens, Wirklich-

Du hast „Die 12 Tiroler"
zu Hause und turnst sie nicht?
Weil dir zwölf zu viel sind?

**Mach zuerst eine Übung.
Dann noch eine.
Und wenn dir das reicht,
dann bleib
bei diesen beiden.**

Es sind nämlich
zwei Übungen mehr,
als du sonst
machen würdest.

keit werden zu lassen. Über das Starten, Verändern und Anpassen von Gewohnheiten reden wir später noch.

Welche Wirkung aber haben Gewohnheiten? Sie entlasten uns von energieaufwendigen, verunsichernden Wahlsituationen, Entscheidungsprozessen und Willensleistungen. Sie gehen in unseren Alltag über und werden nach einer gewissen Zeit automatisch ausgelöst. Leider gilt das nicht nur für unsere guten Gewohnheiten, sondern auch für die anderen.

Hältst du dich für talentiert?
Das ist schon mal etwas. Aber viel wichtiger ist, dass du Geduld und Ausdauer hast.

In der grauen Vorzeit des Skisprungzirkus, als ich selbst noch als Athlet unterwegs war, gab es zum Beispiel noch kaum Hotelzimmer, die mit einem Fernsehgerät bestückt waren. Wir kamen also nach einer anstrengenden Reise im Hotel an, stellten die Koffer ab, dann setzten wir uns meistens aufs Bett und begannen ein Gespräch mit dem Zimmerkollegen. Ganz automatisch bewegten und räkelten wir uns dabei und begannen ganz selbstverständlich ein individuelles Stretching- und Lockerungsprogramm, bis es Zeit zum Abendessen war.

Bald gehörten die TV-Geräte allerdings zur Grundausstattung jedes Zimmers, und es entwickelte sich eine neue Gewohnheit: Meistens wurde der Fernseher sofort nach Betreten des Zimmers eingeschaltet, irgendwo lief bestimmt etwas Interessantes aus der Sportwelt, wir klinkten uns ein oder stritten um die Fernbedienung. Das ursprüngliche Ritual, das aus dem freundschaftlichen Gespräch, den begleitenden Stretching-Übungen und dem bewussten Ankommen am neuen Ort bestand, war Geschichte.

Es gibt *drei entscheidende Faktoren* für die Ausbildung von Gewohnheiten, wie die Psychologie- und Wirtschaftsprofessorin Wendy Wood, die Gewohnheiten und Verhaltensänderungen erforscht, schreibt:

1 Gelegenheit macht Diebe: Der Kontext löst ein bestimmtes Verhalten aus. Für ein vernünftiges Verhalten wäre es besser, wenn der Fernseher nicht vor dem Bett, sondern hinter einer Kastentür oder in anderem Raum stehen würde – oder wenn die Fernbedienung nicht zu finden wäre.

2 Wiederholung: Was in den Siebzigern noch eine Seltenheit war, entwickelte sich in der Hotellerie zur Selbstverständlichkeit: neues Hotel, in jedem Zimmer ein Fernseher, ständig neue internationale Sender und ganztägig laufende Programme. Steter Tropfen höhlt das Hirn, pardon, den Stein. Ein Hotelzimmer ohne Fernsehgerät war bald nicht mehr zu haben. Die schlechte Gewohnheit wiederholte sich an jedem einzelnen Ort – und prägte uns.

3 Belohnung: Als Kinder konnten bzw. durften wir nur ganz selten fernsehen. Es gab tagsüber noch kein Programm. Fernsehen war etwas ganz Besonderes. Die Gutenachtsendung für die

Kleinsten wurde uns gestrichen, wenn wir schlimm waren. Das zeigte Wirkung. Später wurden die Programme und Sendungen vielfältiger, reizvoller und eine Zeit lang qualitativ besser. Kein Wunder, dass Fernsehen zu dem wurde, was Psychologen als „Belohnung" oder „Verstärkung" bezeichnen.

Ein wichtiger Schwerpunkt dieses Buches ist es, praxisnah Kompetenz im Erkennen, Modellieren und Neuaufbauen der eigenen Gewohnheiten zu vermitteln. Denn gute und schlechte Gewohnheiten sind viel entscheidender und wirkmächtiger als die allerbesten Vorsätze.

Ich möchte das anhand von Beispielen aus dem Spitzensport, dem Berufs- und Alltagsleben und der Verhaltenspsychologie verständlich und spürbar machen. Das sind die Fragen, die mich dabei umtreiben:

- Wie hängen die Dinge, die uns steuern, zusammen?
- Welche Faktoren haben – meist unbemerkt – Einfluss auf unser Verhalten, während wir das Gefühl haben, alles selbst zu entscheiden und mit unserem freien und starken Willen zu kontrollieren?
- Wie können wir hilfreiche Gewohnheiten ausprägen oder bestehende Gewohnheiten entsprechend verändern?
- Brauchen wir dabei Hilfe oder schaffen wir es auch allein?
- Wer und was kann uns dabei helfen?
- Wie überwinden wir die Anfangshürden, wenn der gute Vorsatz und unsere Selbstdisziplin zu schwächeln beginnen, wenn sich also, auf gut Österreichisch gesagt, der „innere Schweinehund" meldet?

GEWOHNHEIT

Aus meiner Sporterfahrung kann ich nur unterstreichen, dass Hilfe von außen unheimlich unterstützend wirken kann, um sich gute Gewohnheiten anzutrainieren. So wie auch Kinder es erleben, deren Eltern sie durch ihr ständiges gutes Vorbild, durch Ermahnung, aber vor allem auch durch geschicktes Loben und Belohnen in Richtung des gewünschten Verhaltens lenken. In Kapitel 4 werden diese Zusammenhänge im Detail behandelt.

Amerikanische Untersuchungen, die Wendy Wood zitiert, kamen zum Ergebnis, dass man bis zu einer leistungsförderlichen Veränderung des Trinkverhaltens (jeder und jede von uns sollte in der Regel mehr Wasser trinken) das eigene Verhalten 59 Tage lang wiederholen muss, um eine gute Gewohnheit daraus zu machen, die anschließend zum Selbstläufer ohne separat notwendiges Nachdenken wird. Um gesundheitsförderliche Bewegungseinheiten zum selbstverständlichen, gewohnheitsmäßigen Bestandteil des eigenen Lebens zu machen, braucht es laut dieser Studie schon 91 Tage.

Die gute Nachricht: Kurze Unterbrechungen dieses Zeitraums der Einübung einer Gewohnheit spielen keine große Rolle. Das wirft uns nicht aus der Spur, wir halten das offenbar aus.

Es braucht nicht viel Fantasie, um sich auszumalen, wie oft in diesen 91 Tagen der innere Schweinehund um die Ecke kommen wird, um uns die Hand zu lecken. Thomas Spitzer hat dieses Dilemma im EAV-Hit „Morgen" mit erstaunlicher psychologischer Treffsicherheit beschrieben. Er formulierte damit die subversive Hymne aller Vorsatzbrecher. Die weiter oben beschriebenen Kategorien der Gewohnheitsbildung sind leicht zu identifizieren.

GEWOHNHEIT

„Doch wie ich um die Ecken kumm,
seh' ich mein Stammlokal,
und wieder hab' ich keine andre Wahl.
Der Franz, der Jo, der Ferdinand
san aa schon wieder do.
Ja, was macht denn schon ein Achterl oder zwei!"

Das Phänomen, den Einfluss unseres bewussten Wollens zu überschätzen und gleichzeitig die Macht der Gewohnheiten über unser Verhalten sträflich zu unterschätzen, hat einen Namen. Es heißt *introspektive Verzerrung*.

Ferdl Wallner, in der Urzeit des ÖSV-Skispringens ein hochgeschätzter Schülertrainer, hatte dafür einen nicht gerade beschönigenden Vergleich. Verzweifelt beklagte er sich, an Hubert Neuper, Armin Kogler, Gebhard Aberer und mich gewandt: „Ihr seid wie Automaten, oben Schilling eini, unten Kaugummi außa!"

Der Vergleich war gar nicht so falsch. Wie oft hatte Ferdl uns angehalten, unsere Abläufe auf der Schanze zu verändern. Er hatte sie verlangt, gefordert oder zu provozieren versucht. Aber immer wieder lieferten wir, wenn auf dem Schanzentisch schnelle und riskante Abläufe gefordert waren, dieselben gewohnten, halbwegs sicheren Bewegungsmuster. Sie waren offenbar die einzig möglichen Antworten auf die Situation, die objektiv gefährlich und insgesamt der Überforderung sehr nah war.

In der Wissenschaft heißt das *Automatizität*. Eine Gewohnheit verwandelt die Welt um uns herum – im konkreten Beispiel die Verbindung von Anfahrtshocke, Rauschen der Geschwindigkeit, Blick auf die Anlaufspur und das Ende des Schanzentischs –

in einen Trigger, einen Auslösemechanismus, der ein vorgegebenes Programm abruft. Solche Programme können nur mit sehr viel Geschick und Unterstützung entschlüsselt und mit vereinten Kräften und viel Geduld verändert werden.

Seltener, aber doch passieren erstaunliche Erweckungserlebnisse, die Gewohnheiten aufbrechen. Manchmal sind es unfreiwillige Pausen oder Verletzungen und der dadurch erzwungene langsame Neuaufbau, manchmal sind es schlicht und ergreifend Zufälle, bei denen man etwas entdeckt, wonach man gar nicht gezielt gesucht hat. Ein Phänomen, das sich *Serendipität* nennt.

Unmittelbar vor meinem Olympiasieg in Lake Placid spielte sich Folgendes ab (die Passage stammt aus meinem ersten Buch „Der kritische Punkt"): „Claus Tuchscherer hatte zum Testen Sprungschuhe von Dachstein dabei, aber sie passten ihm nicht. Mir aber fehlte mit meinen Adidas das optimale Verbindungsstück zwischen Ski und Fuß, weil sich die Sohle in der bitteren nordamerikanischen Kälte zu sehr versteifte. Also borgte ich mir von Claus den Dachstein aus. Der Schuh war mir viel zu groß, ich musste zwei Paar Socken über einer Einlegesohle anziehen, um

Beobachte deinen Thermostat.
Er springt an, sobald im Raum eine bestimmte Temperatur erreicht wird. Genauso funktionieren deine Gewohnheiten.

hineinzupassen. Aber schon beim ersten Sprung mit dem neuen Schuh merkte ich: Hoppla! Ein ganz anderes Gefühl! Endlich größere Sensibilität, Schuh und Ski wurden wieder zu Sensoren für die Strömung! Ich fühlte mich plötzlich pudelwohl in der Luft, und da bereits der vorletzte Trainingstag angebrochen war, konnte ich das neue Wohlbefinden im Nachmittagstraining gut gebrauchen, um das interne Qualifikationsspringen für den Olympiawettkampf zu gewinnen."

Die Tatsache, dass der Kollege Tuchscherer einen Schuh gehabt hatte, der ihm nicht passte, stellte sich also im Nachhinein als wichtige Voraussetzung für meinen Olympiasieg heraus.

Ein anderes Beispiel, es stammt aus meiner Zeit als Trainer: Als wir engagiert an der Umstellung auf den V-Stil arbeiteten, der uns deutlich bessere Weiten versprach, schienen wir in einer Sackgasse angekommen zu sein. Meine Athleten, von denen sich viele sowieso nur widerwillig von den alten Gewohnheiten trennten, stagnierten.

Der Schlüssel zum Durchbruch kam von Stefan Horngacher, allerdings als Beifang. Er borgte sich nämlich in der Mittagspause von einem deutschen Kollegen Ski aus, in deren Bindungen seine Sprungschuhe passten. Die Ski waren um fast zehn Zentimeter länger als Stefans eigene (und der deutsche Kollege wusste selbstverständlich nicht, dass sich sein österreichischer Konkurrent von seinem Material bedient hatte). Jedenfalls kam Stefan mit den längeren Ski zum ersten Mal richtig ins Fliegen – und lieferte uns damit eine wesentliche Erkenntnis: Nicht nur die Skiführung musste anders sein, die Ski brauchten auch eine andere Länge. Selbstverständlich verfolgten wir diesen Anhaltspunkt konsequent – bingo! Wir hatten den Code geknackt.

GEWOHNHEIT

Gewohnheiten sind machtvoll, weil sie automatisierte Reaktionen zur Folge haben. Wenn ich zum Beispiel beim Skifahren im Gelände zu einem sehr steilen, hart gefrorenen oder eisigen Hang komme, bleibe ich kurz stehen und bücke mich zu meinen Skischuhen hinunter.

Während ich Hang und Linie einschätze, ziehe ich die Schnallen meiner Schuhe etwas fester. Ohne im Detail darüber nachzudenken, tue ich das ganz automatisch und fühle mich dadurch sofort besser. Über viele Jahre hat sich in meinem Bewusstsein festgesetzt, dass ich durch diese winzige Intervention mehr Halt und Kontrolle über den Einsatz der Kanten im Steilhang bekomme – und vermutlich auch mehr Mut, ihn zu fahren. Müsste ich die Schuhe immer so eng schließen, wäre mir das zu unbequem, es würde die Freude am Skifahren erheblich dämpfen. Deshalb bleibe ich nach dem Befahren des steilen, eisigen Hanges wieder stehen und belohne mich damit, dass ich die Schuheinstellung wieder lockere. So festige ich ein weiteres Mal meine Gewohnheit.

Eingeübte Gewohnheiten greifen schnell, und das ist ein Segen – wenn sie das unterstützen, was wir wirklich beabsichtigen. Ihre Geschwindigkeit und Reibungslosigkeit machen unsere Gewohnheiten so dominant in der Anbahnung und Steuerung unseres Verhaltens. Noch bevor wir darüber nachdenken können, erleben wir uns oft schon bei der spontanen Antwort, bei der Umsetzung des gewohnten Programms. Das hat allerdings auch eine Kehrseite, denn es gilt: „*speed kills*". Manchmal drängen sich unerwünschte Gewohnheiten blitzartig ins geplante Verhaltensprogramm und torpedieren unsere besten Vorsätze.

Wir alle führen zum Beispiel unwillkürlich Selbstgespräche, manche laut, andere nur im Geist – wir können nicht anders. Wir

Wenn du etwas
Wichtiges verändern willst,
jonglier zuerst mit
zwei Bällen.

**Denn plötzlich kannst du mehr,
als sich dein Großhirn
jemals vorstellen konnte.**

Du staunst über dich selbst.
Und schöpfst Vertrauen, dass dir
das auch mit etwas anderem
gelingen kann.

hören dabei Stimmen und Aussagen, die wir selbst produzieren und die unwillkürlich und gewohnheitsmäßig aus unserem Inneren aufsteigen. Ein Freund von mir beschimpfte sich als Jugendlicher am Tennisplatz nach vermeidbaren Fehlern verlässlich als „unfähigen Hurensohn", während seine Mutter sichtlich leidend auf den Rängen saß.

Diese Selbstgespräche steigen in uns hoch, wenn wir Stress haben, wenn es eilt, wenn etwas schiefzulaufen droht oder wenn es beim Sport oder im Beruf um die Wurst geht. Sportpsychologinnen und -psychologen empfehlen den Spitzensportlern, ihre Selbstgespräche nicht nur zu beobachten, sondern auch regelmäßig aufzuschreiben, um sie schließlich effektiver und handlungsunterstützend zu machen. In der Psychologie heißt das *Selbstgesprächsregulation*.

Denn unsere inneren Dialoge steuern sowohl unser Verhalten als auch unsere Überzeugungen. Viele Gedankenblitze wurden schon in der Kindheit negativ geprägt. Sie unterstützen unser Tun nicht, sondern säen Zweifel und fördern Versagensängste. Eltern, Geschwister, Lehrer oder Trainer hatten zu wenig Geduld mit uns, haben uns zu früh prophezeit, dass es mit uns nicht gut gehen wird: „Du kannst das nicht!"

Kein Wunder, wenn die entsprechenden Zweifel wieder in uns hochkommen: „Warum bin schon wieder ich in so einer ungünstigen Situation? Das kann ja nur schiefgehen! Ich bin einfach zu ungeschickt, zu umständlich, zu nervös …"

Aber diese negativen Programme sind nicht notwendigerweise in Stein gemeißelt. Wir können sie nach und nach umschreiben, sobald wir sie identifiziert haben und wenn wir be-

GEWOHNHEIT

ginnen, uns selbst Mut zu machen, indem wir unsere kleinen Fehlleistungen nicht als Zeichen der kommenden Katastrophe werten, sondern sie realistisch betrachten und einordnen: „War schon besser, noch ein bisschen mehr, dann könnte es klappen!"

Unsere inneren Dialoge zeigen über die Körpersprache Wirkung nach außen. Deshalb fordern Tennistrainer und Profis auch von sich selbst: „Zeig dem da drüben, dass du noch daran glaubst, das Spiel zu drehen!"

Gewohnheiten lassen uns manchmal im Stich. Wie oft sind wir während der Corona-Pandemie in ein öffentliches Gebäude gegangen und haben erst beim Eingang bemerkt, dass wir die Maske daheim vergessen hatten? An alles hatten wir gedacht, die e-Card, den Reisepass, natürlich an unser Mobiltelefon, den Parkzettel für die Tiefgarage, den Regenschirm … In Gedanken sind wir schon bei unserem Termin und auf der Suche nach dem richtigen Gang und der richtigen Tür. Plötzlich sehen wir andere Menschen: alle mit Maske! Peinlich, schon wieder darauf vergessen. Warum? Das Ding war noch nicht zur Gewohnheit geworden.

Wie vielen Rauchern ist es wohl schon passiert, dass sie sich nach einem anstrengenden Tag endlich in einem gemütlichen Lokal in einen Sessel fallen ließen und ganz automatisch nach ihrer Entspannungszigarette griffen. Was aber bedeuten die entgeisterten Blicke von Kellnern und Gästen? Erst kurz vor dem Aufflackern des Feuerzeugs holt sie die immer wieder ungewohnte neue Realität ein: Verdammt, es herrscht ja mittlerweile Rauchverbot in allen Lokalen, wie konnte ich das nur vergessen?

Natürlich war nichts vergessen. Nur war die Gewohnheit schneller als das bewusste Nachdenken.

GEWOHNHEIT

Gewohnheiten schaffen Platz für hochwertigere kognitive Tätigkeiten. Wie angenehm war es, als ich noch jährlich die sogenannte Einkleidung des ÖSV entgegennehmen konnte. Wie stolz war ich als Fünfzehnjähriger auf meine erste übergroße blaue Windjacke mit den rot-weiß-roten Landesfarben auf dem rechten Ärmel.

Später im Nationalteam oder als Trainer und Sportdirektor war es eine Verpflichtung, die einzelnen Teile passend zum jeweiligen Anlass anzuziehen. Anoraks, Pullover, Mützen, Shirts, Handschuhe, alles war von Designerinnen entworfen und zusammengestellt worden. Man konnte sich sicher sein, dass alles saß und passte. Über nichts musste man nachdenken. Das war ein gutes Gefühl, an das ich mich sehr leicht gewöhnte. Auch das Fluglinienpersonal kennt das Gefühl, in der Uniform stets würdig und passend angezogen zu sein, ohne darüber groß nachdenken zu müssen.

Entscheidungen, die wir nicht treffen müssen, sparen Nerven und Zeit, die wir für etwas anderes viel besser brauchen können. Der Einsatz unseres bewussten Denkens ist anstrengend und ermüdend. Das dürfte der Grund dafür sein, dass ich im Büro und bei geistiger Arbeit regelmäßig und überraschenderweise hungriger werde als zum Beispiel beim Sport. Daher sollten wir uns gut überlegen, für welche Abläufe wir scharfes Denken gezielt einsetzen, um nicht unser Pulver sinnlos zu verschießen, wenn wir uns mit unangemessenem Aufwand in Bedeutungslosigkeiten verstricken.

Alfred N. Whitehead rät in Wendy Woods Buch „Good Habits, Bad Habits", sorgfältig und sparsam mit dem Einsatz kognitiver Kontrolle – also mit angestrengtem Denken – umzugehen. Angestrengtes Denken ist eine ähnliche Ressource wie die Muskel-

Energie-Depots von Sprintern, die mengenmäßig auf ein paar Sekunden Höchstgeschwindigkeit begrenzt sind: Das Adenosintriphosphat (ATP) reicht Sprinterinnen und Sprintern für zwei bis drei Sekunden; Kreatinphosphat hält, je nach Trainingszustand, für sieben bis zwanzig Sekunden vor. Whitehead bringt noch eine militärische Analogie ins Spiel: „Denkvorgänge sind wie Kavallerieattacken in der Schlacht, zahlenmäßig begrenzt, verlangen frische Pferde und dürfen nur in entscheidenden Momenten vorgetragen werden."

Im Gegensatz dazu liefert uns das Gehirn mit dem sogenannten *prozeduralen Gedächtnis* immer wieder Beispiele für seine überraschend ökonomische und selbstregulierende Arbeitsweise. Es ermöglicht, dass wir geistige Inhalte oder Handlungen in Ketten aneinanderreihen, die wir uns bewusst gar nicht präzis in Erinnerung rufen könnten. Soll heißen: Ein intensiv erlebter Moment löst automatisch den anderen aus.

Wir kennen das Phänomen aus der Schulzeit, wenn wir etwas auswendig lernen mussten, oder auch beim Singen eines alten Weihnachtsliedes. Wir wiederholen den Anfang einer Zeile, und schon haben wir den weiteren Text parat. Man braucht nur ein Stichwort, und in einer unheimlichen Dichte entstehen in uns plötzlich Bilder, Worte und Emotionen, deren Erleben eine ganze Handlungskette in Gang setzt: ein *synaptischer Dominoeffekt*. Im achtsamen Erleben der gerade gegenwärtigen Situation wird die Assoziation zur passenden Fortführung aktiviert und ausgelöst. Das prozedurale Gedächtnis ist dafür verantwortlich, dass Musikerinnen lange Stücke auswendig und fehlerfrei spielen, dass Schauspieler sich stundenlange Texte einprägen können

Du grüßt auf der Straße
jede und jeden?

**Dann stammst du
wahrscheinlich vom Land.**

In der Stadt haben
die Menschen
andere Gewohnheiten.

oder Eiskunstläuferinnen bei einer anspruchsvollen Kür nie den Faden verlieren.

Im Gegensatz zum *prozeduralen* ist unser *episodisches Gedächtnis* zuständig für explizite Gedächtnisinhalte, die auch auf andere Bereiche übertragbar und willkürlich abrufbar sind. Für das prozedurale Erinnern muss man sich hingegen aktiv und praktizierend in die damit verbundenen Tätigkeiten und Zustände begeben.

Mit dem Begriff „Muskelgedächtnis", der im Sportkontext gelegentlich auftaucht, können Hirnforscher hingegen nicht viel anfangen. „Muskeln können verkümmern, wenn sie nicht benützt werden, und sie können durch Übung wachsen, aber ein Gedächtnis entwickeln sie nie", konstatiert der Neurowissenschaftler Ray Dolan in Alan Rusbridgers Buch „Play It Again. Why Amateurs Should Attempt the Impossible".

Das Gefühl des differenzierteren Muskelgedächtnisses verdanken wir den Tentakeln, *Dendriten* genannt, die sich in unserem Gehirn bei anspruchsvollem Üben neu ausbilden. Es wachsen zwar keine neuen Nervenzellen, aber am Ende eines intensiven Lernprozesses ist festzustellen, dass tatsächlich eine Veränderung im Gehirn stattgefunden hat. Die zahlreicheren Dendriten verbinden sich an den synaptischen Schnittstellen mit anderen Zellen. Die Repräsentation der Hand (die etwas Neues eintrainiert hat) verstärkt sich, der betreffende Cortex ist vergrößert.

Man kann nachvollziehen, dass der Prozess, die Repräsentanz eines Körperteils oder einer Bewegungsabfolge substanziell im Gehirn abzulagern und es entsprechend zu programmieren, viel Energie braucht. Wenn die Verbindungen aber etabliert sind, dann funktionieren sie unheimlich schnell, effektiv, reibungsfrei und energiesparend.

Diese Zusammenhänge erklären auch das erstaunliche – und vor allem für reifere Jahrgänge ermutigende – Phänomen, dass Virtuosität in den unterschiedlichsten Bereichen weit über das Pensionsalter hinaus aufrechterhalten werden kann, bei entsprechender Übung. Es gibt zahlreiche Menschen, die ihre spezifischen Fähigkeiten bis ins hohe Alter gekonnt ausüben, obwohl bei ihnen, wie bei allen anderen, Reaktion, Ausdauer und Kraft messbar nachlassen.

Untersuchungen haben gezeigt, dass zum Beispiel virtuose Musiker in ihren späten Jahren bei allgemeinen psychologischen und motorischen Tests nicht besser abschneiden als ihre Altersgenossen. Sie unterliegen demselben altersbezogenen leistungsmäßigen Abbau. Bei der Fähigkeit, als Reaktion auf Testaufgaben auf einen Knopf am Bildschirm zu drücken, liegen sie in genau derselben Kurve wie jeder andere Mann und jede andere Frau ihres Alters. Aber wenn es um die Fähigkeit geht, spezielle Fingerbewegungen am Instrument zu machen, sind sie um keinen Deut langsamer als ihre jungen Kolleginnen und Kollegen oder als sie es selbst in ihren jungen Jahren waren.

Qualitativ hochwertige Fertigkeiten und Gewohnheiten entwickeln in diesem Zusammenhang gleich eine doppelte Wirkung: Sie helfen uns einerseits, energiesparend unsere Ziele zu erreichen, prägen aber andererseits unsere Wünsche oder Bedürfnisse. So kombinieren sich beide Phänomene – die erstaunliche Virtuosität bis ins hohe Alter und gleichzeitig die Freude daran (die Funktionslust) – zum Bedürfnis, diese Erfahrungen so oft wie möglich zu wiederholen.

Ich finde es immer wieder inspirierend, die phänomenale Wirkung guter Gewohnheiten am Beispiel großer Vorbilder zu betrachten. Man muss nur an den Golfer Bernhard Langer denken, die Pianisten Friedrich Gulda oder Vladimir Horowitz, das Multitalent Lotte Tobisch, die Schauspielerinnen Erni Mangold und Erika Pluhar, die Sängerin Marianne Mendt, die Journalistin Barbara Coudenhove-Kalergi und ihre Kollegen Paul Lendvai oder Hugo Portisch. Sie machen mir Mut, weil sie gezeigt haben oder zeigen, dass Qualität und Alter sich nicht ausschließen.

GEWOHNHEIT

Was tust du immer und immer wieder?

Schreib es auf. Dann kannst du es verändern

Notiere die Gewohnheiten deiner eigenen Familie, die tief in dir verwurzelt sind. Das verschafft dir Klarheit, was eine Gewohnheit überhaupt ist. (Bei mir waren das Bregenzerwälder Selbstverständlichkeiten: Seine Arbeit macht man fertig. Zuerst zuhören und nachdenken, erst dann reden. Das Licht hinter sich abdrehen. Immer danke und bitte sagen und – für ein Gasthauskind ein Muss – bei jeder Gelegenheit grüßen.)

Stell dir die Frage, welche dieser Gewohnheiten du gut findest und behalten oder verfestigen möchtest. Und welche du loswerden willst.

Wenn du Gewohnheiten verändern möchtest, dann beginne dort, wo es am einfachsten ist.

- **Nimm nicht den gewohnten Weg zum Arbeitsplatz.**
- **Geh ohne Auto einkaufen.**
- **Trink nicht zum Essen** (sondern eine halbe Stunde vorher oder nachher).
- **Lächle freundlich, wenn du mit Fremden sprichst.**
- **Und spür die Energie, die dir sogar durch kleine Veränderungen einschießt.**
-
-

Falls du deine Gewohnheiten nicht selbst erkennen kannst, frag deinen Partner oder deine Partnerin danach. Oder nimm dir einen Coach. Und fang ganz oben auf dieser Seite noch einmal an.

KAPITEL 2

VERÄNDERE DICH!

Warum Veränderung unser Leben bereichert, wie Umlernen gelingt und warum wir keine Angst vor dem Scheitern haben müssen

UMLERNEN

Die Sportgeschichte kennt ein wiederkehrendes Motiv. Ihre Hauptdarsteller, die über herausragende Fähigkeiten verfügen, müssen aus diversen Gründen umlernen. Kann sein, dass sich das Reglement ändert und damit die Klassements völlig auf den Kopf gestellt werden – ich erinnere an die Formel 1, in der Lewis Hamilton die Rennen nach Belieben dominierte, bis ein paar Details im Reglement angepasst wurden und er plötzlich um den siebten und achten Platz fuhr, obwohl sich an seiner Fähigkeit, einen Rennwagen zu lenken, mit großer Wahrscheinlichkeit nichts geändert hat.

Aber ein paar Details waren anders, in der Aerodynamik, am Reifen-Set-up. Also stand der Meister aller Klassen vor dem Problem, seine gewohnten Fähigkeiten den Neuerungen anpassen zu müssen. Dieses Umlernen kann unter Wettbewerbsdruck zu einer fast überlebensgroßen Aufgabe werden, sogar für die besten. Auf der anderen Seite kommen auf diese Weise andere Sportler ganz nach oben, weil es ihnen leichter fällt, sich anzupassen – weil sie Anpassungsweltmeister sind, oder ganz einfach, weil ihnen die Neuheiten in die Karten spielen.

Auch im Skisport hat es vielfach Reglementveränderungen gegeben, die alles auf den Kopf gestellt haben. Über die Umstellung der österreichischen Skisprung-Nationalmannschaft auf den V-Stil habe ich weiter vorne schon einiges erzählt. Aber auch die ursprünglich im ÖSV entwickelte Klappbindung, womit der Schweizer Simon Ammann uns bei den Olympischen Spielen 2010 mit seinem dritten und vierten Olympiasieg ausgetrickst hat, war so ein Gamechanger. In Neusprech nennt sich das *Disruption*: Alles, was vorher war, zählt nicht mehr, eine neue Zeitrechnung hat begonnen.

Ich selbst bin für heutige Verhältnisse viel zu spät zum Skispringen gekommen. Ich war elf Jahre alt und auf Alpinski unterwegs, übrigens meistens im Schatten meines älteren Bruders Sigi. Zum Skispringen kam ich zufällig, ein Freund nahm mich zu den Vorarlberger Schülermeisterschaften mit, an denen ich mit meinen Alpinskiern teilnahm – und gewann. Bei den österreichischen Meisterschaften wurde ich Zweiter, und natürlich musste ich dann mein vertrautes Gerät – die fix am Skischuh montierten Kästle CPM 70 mit Tyrolia-Fersenautomatik – gegen Sprungski tauschen und die Strolz-Skischuhe gegen spezielle Sprungschuhe. Sprungschuhe waren damals mehr oder weniger Bergschuhe, völlig ohne Stützfunktion, und die Bindung ist nicht fix am Ski befestigt, sondern erlaubt der Ferse abzuheben, wie beim Langlaufen.

Als ich meine neue Ausrüstung zum ersten Mal ausprobierte, war ich schockiert und verzweifelt. Ich konnte nicht einmal anständig den Schanzenauslauf hinunterfahren, weil ich überhaupt keine Stabilität zusammenbrachte. Die Sprungski wa-

Fass einen Vorsatz nicht einfach so. Und denk nicht nur an das gewünschte Ergebnis.
Stell dir lieber möglichst genau vor, was zwischen Start und Ziel stattfinden soll. Und dann überleg dir den Vorsatz von Neuem.

ren unglaublich, 220 cm lang und sperrig. Ich musste mich von Grund auf umgewöhnen, und das war nicht angenehm. Es war schwierig. Es machte mich winzig klein. Es jagte mir regelrecht Angst ein. Ich war keinesfalls sicher, dass ich den Umgang mit dem neuen Material auch nur annähernd lernen würde.

Das Erste, was ich hinbekam, war das Geradeausfahren. Aber bis ich das komplexe System mit Anfahrt, Absprung, Flugphase, Landung und Abfahrt draufhatte, musste ich viel Lehrgeld zahlen, manchmal sogar in aller Öffentlichkeit.

Ich erinnere mich schmerzlich an einen Wettkampf am Holmenkollen in Oslo, wo ich als Fünfzehnjähriger sieben Trainingssprünge absolvierte, einen Probedurchgang und zwei Wertungssprünge. Von all diesen Sprüngen stand ich nur einen einzigen. Bei allen anderen stürzte ich. Das spielte sich vor 81 000 Zuschauern ab. Ich wurde Letzter von 110 Startern.

Das Erlernen und Umlernen funktionierte zum damaligen Zeitpunkt im Vorarlberger Skiverband noch auf sehr fahrlässige Weise. Um ehrlich zu sein: Es gab sehr viel *Trial and Error*, Versuch und Irrtum, und das in einer Sportart, die für ihre Gefährlichkeit bekannt ist.

Es gelang mir – vor allem durch das Glück, schnell in die bewährten Trainerhände von Albert Haim, Ferdl Wallner und schließlich Baldur Preiml zu kommen – die Spezialfähigkeit und das G'spür zu entwickeln, mit Skiern durch die Luft zu fliegen. Ich prägte das dafür nötige hochsensible System aus und stieg relativ schnell bis in die Weltklasse auf.

Dann bekamen wir neue, gummifizierte, Anzüge. Ich war 16 Jahre alt, machte den ersten Sprung mit dem neuen Anzug und merkte, dass sich alles ungewöhnlich, verunsichernd, ja unkontrollierbar anfühlte. Ich wollte den neuen Anzug nur möglichst schnell wieder ausziehen. Alles, was ich gelernt hatte, vor allem die sensiblen Nuancen, die ich für mich erarbeitet hatte und die ich für meine Sicherheit brauchte, waren plötzlich keine Hilfe mehr – und damit war das Selbstvertrauen, jener virtuelle Halt, der die Luft zum Freund macht, weg. Ich wollte möglichst elegant skispringen und nicht bei jedem Sprung ums Überleben kämpfen. Gleichzeitig glaubte ich noch nicht daran, dass der neue Anzug große Vorteile bringen und meine Leistungen in Zukunft verbessern würde.

Sicher warst du, wie viele von uns, schon in einer ähnlichen Situation. Du hast dich mit einem System, mit einem Gerät, mit einer Technik sehr gut angefreundet und beherrschst, sagen wir, deine Schreibmaschine aus dem Effeff. Und dann sollst du auf den Computer umsteigen. Oder dein Mailprogramm auf dem Handy oder dem PC wird aktualisiert und durch etwas Neues, angeblich Besseres ersetzt. Es bleibt dir gar nichts anderes übrig: Du musst umlernen. Plötzlich sind die Spezialfähigkeiten, die Abkürzungen, die du blind genommen hattest, für die Katz. Sie funktionieren nicht mehr. Vor allem wenn es eilt, wird das deutlich spürbar. Es genügt, dass dein Adressbuch mit der neuen Suchfunktion partout nicht kooperieren mag, und schon wirst du zur digitalen Schnecke.

Schlimmer noch: Du musst von vorne anfangen, stellst dich genauso patschert an wie alle anderen, die du bisher noch belächeln konntest, musst neue Zusammenhänge begreifen und die eigenen Fähigkeiten, Reflexe und Gewohnheiten daran anpassen. Diese Arbeit beginnt automatisch mit großen Enttäuschun-

Einmal scheitern – und der gute Vorsatz ist nichts mehr wert?

Das ist ein Trugschluss. Scheitern ist ein notwendiger Teil jedes Lernprozesses.

Es ist kein Problem, diese Erfahrung zu machen – solange wir sie richtig interpretieren und sie idealerweise nicht ständig wiederholen.

gen, weil du zu Recht das Gefühl hast, dass du von den Veränderungen zurückgestuft, ja abgewertet wurdest.

Genauso ging es mir mit dem neuen Sprunganzug. Und ich stellte mich, ehrgeizig wie ich war, ausgesprochen blöd an. Ich wollte die Vorteile des neuen Anzugs für mich nutzen, obwohl ich noch nicht gelernt hatte, wie ich im Detail mit ihm umgehen musste. Ich packte ihn also nach dem Probedurchgang, den ich noch im Pullover absolviert hatte, erst beim ersten Wertungssprung der Vierschanzentournee aus, ohne ausreichend damit trainiert und mich daran gewöhnt zu haben. Das Resultat war ein kapitaler Sturz, nach dem ich mit einem Schädel-Hirn-Trauma im Krankenhaus lag. Ein Glück, dass ohne Sturzhelm nicht mehr passiert war.

Als ich wieder zurück bei der Mannschaft war, machte ich endlich das, was ich schon vorher hätte tun sollen: Ich begann, auf ganz kleinen Schanzen mit einem angepassten, klug veränderten Anzug, der mir perfekt passte, zu trainieren und holte mir meine Sicherheit zurück, Sprung für Sprung. Ich erinnere mich noch deutlich daran, dass ich mich zu Tode fürchtete, als ich wieder oben auf einer 50-Meter-Schanze stand, schließlich hatte ich ein Trauma zu verarbeiten.

Langsam, aber zusehends besser gelang es mir dann, die neue Technologie zu verstehen und ein Gefühl dafür zu entwickeln, allmählich alte Muster gegen neue auszutauschen und zuerst einmal Sicherheit zu gewinnen, stabil zu fliegen und zu landen. Überraschend schnell konnte ich wieder in den Grenzbereich vordringen und alle Möglichkeiten ausreizen. Das dauerte zwei Wochen. Es war schwierig, aber es klappte.

Sogar meine Blamage am Holmenkollen konnte ich in dieser Saison wiedergutmachen. Mein Vorsatz, Baldurs Unterstützung, das exzessive Telemark-Training und langes Warten machten sich bezahlt: Sieg und fünf Mal 19,5 von allen Sprungrichtern.

Die Anzuggeschichte war nur einer von vielen Lernprozessen, mit denen ich – freiwillig oder unfreiwillig – konfrontiert war. Es gab zahlreiche Situationen in meiner Sportlerkarriere, wo ich Vertrautes gegen Neues eintauschen musste. Der größte Bruch aber war ihr plötzliches Ende, als ich wegen schwerer Verletzungen mit 22 Jahren den Skizirkus verließ und zu studieren begann. Das war der vielleicht größte und schwierigste Umlernprozess meines Lebens.

Aber ich betrat, weil ich das im Sport so gelernt hatte, das neue Feld mit einer gewissen Abenteuerlust und Optimismus. Im Sport hatte ich die Erfahrung gemacht, dass ich Dinge lernen kann, die ich für sehr schwierig halte, auch solche, vor denen ich mich regelrecht fürchtete. Aber ich hatte eben auch gelernt, dass ich das Lernen – oder das Umlernen – meistere, wenn ich es voll konzentriert und mit ganzem Einsatz angehe.

Die wichtigste Lehre war: Ich kann nicht mehr tun, als mich auf den Lernprozess einzulassen. Ich muss aufmerksam auf die Rückmeldungen hören, die ich bekomme, ich muss mir helfen lassen und mich vorsichtig zu einem neuen Orientierungssystem vortasten – bis ich selbst ein Gefühl für meine neue Rolle bekomme.

Es geht bei allen Lernprozessen ja nicht darum, sich krampfhaft am Selbstbild als souveräner Könner festzuklammern, sondern darum, sich mit sensibler, aufwendiger Arbeit in einem neuen System zurechtzufinden. Das ist in Zeiten, in denen es kaum mehr lineare Berufsbiografien gibt, ein äußerst wichtiger Prozess.

UMLERNEN

Wir müssen uns daran gewöhnen, immer wieder neues, rutschiges Terrain zu betreten, sowohl inhaltlich als auch statusmäßig. Barbara Schett, ehemalige Tennisspielerin und heute souveräne Moderatorin bei Eurosport, weiß, wovon sie spricht, wenn sie sagt: „Ich komme aus der Sportwelt, die Extra-Meile gibt es dort nicht. Wer nach oben kommen will, muss mehr tun als andere. So einfach ist das. Auch in meiner zweiten Laufbahn versuche ich, wo immer ich nur kann zu lernen und mich weiterzuentwickeln."

Schon in den Achtziger- und Neunzigerjahren hat es psychologische Methoden gegeben, um Menschen, die auf einem bestimmten Feld virtuose Leistungen erbrachten und über einen angemessenen Status verfügten, aus ihrem Sicherheitsbereich, ihrer *comfort zone,* zu locken und sie sogenannten *Shame-attack-Übungen* auszusetzen: Auch ein Skisprungweltmeister musste zum Beispiel vor Publikum jonglieren. Fiel ihm ein Ball hinunter, war sein Status gefährdet, weil er auf seinem angestammten Gebiet ja Weltklasse war. Sinn der Aktion war natürlich nicht, das Jonglieren als isolierte Fähigkeit zu erlernen, sondern den Mut zur Blamage und die Lernbereitschaft zu kultivieren.

Denn die mögliche Blamage steckt in vielen Lernprozessen. Es ist Teil des Lernens, vorübergehend auf Stabilität zu verzichten und sich selbst zuzugestehen: Okay, jetzt schaue ich mal eine Zeit lang nicht besonders gut aus. „Setzt mich in den Sattel, reiten werd' ich dann schon können", meinte angeblich Goethe, und ich zitiere ihn gewohnheitsmäßig.

Wer diese Unsicherheit schlecht oder gar nicht aushält, tut sich beim Umlernen schwerer als andere. Wer zu besorgt um sein Image ist, hält jede Anregung unwillkürlich für feindselige Kritik, steht dem konstruktiven Ablauf des Prozesses im Weg.

Selbstvertrauen bedeutet, davon überzeugt zu sein, dass man sich auch Blamagen und (vorübergehendes) Scheitern leisten kann – weil man nämlich auf Zeit und die eigene Lernfähigkeit setzt. Ich selbst habe als Sportler oft Phasen gehabt, auch bedingt durch Verletzungen, in denen ich meilenweit von meinem Leistungshorizont entfernt war. Aber ich wollte daran glauben, dass das nur eine Phase war und dass ich wieder auf die Füße kommen würde.

Neues zu lernen, ist wie das Aufsetzen eines Huts, auf dem steht: Ich bin jetzt Lernender und habe kein Problem damit! Dieser Schritt gehört zur Fehlerkultur. Trainer oder Begleiter, die uns für unsere Fehler oder Tollpatschigkeiten ungeduldig beschimpfen oder um einer billigen Pointe willen bloßstellen, sind fehl am Platz – außer vielleicht, wenn es in einer besonderen Situation hilft, über den eigenen Standesdünkel zu lachen.

Sicher ist, dass es leichter fällt, mit anderen gemeinsam zu lernen oder umzulernen. In der Gruppe kann man sich über die Bewältigung von Problemen austauschen und wertvolle Anregungen oder Lösungsvorschläge bekommen – aber auch den eigenen Statusverlust besser aushalten, wenn man nämlich merkt, dass es anderen genauso ergeht. In schnelllebigen Zeiten wie unseren mit ihren permanenten technischen Revolutionen und wechselnden Berufskarrieren gibt es praktisch in jeder Lebenssituation Menschen, die vor ähnlichen Problemen stehen wie man selbst.

Das macht auch die Stärke und den Erfolg von Selbsthilfegruppen aus: Menschen mit Problemen treffen einander, tauschen sich in einem geschützten Raum aus, genießen aber vor allem das Gefühl: Ich bin nicht allein mit meinem Problem. Jeder von uns setzt sich dem Risiko aus, sich vor anderen zu entblößen, sein Inneres nach außen zu kehren.

Du hast das Gefühl,
dass du beim Umlernen
schlecht ausschaust?

**Dann hast du
wahrscheinlich recht.**

Es gehört zum Lernen,
zuerst einmal anfangen zu müssen
und wenig zu können.

**Aber jede einzelne
Korrektur setzt konstruktive
Prozesse in Gang.**

Und bald ist es wieder
vorbei mit dem
Schlecht-Ausschauen.

Im Sport ist diese Gemeinsamkeit sowieso eine unheimlich starke Triebfeder. Gemeinsam ein Risiko zu nehmen, gemeinsam eine Aufgabe zu lösen, gemeinsam durch Talsohlen zu gehen, gemeinsam Erfolge zu feiern: Das macht nicht nur das Team, sondern jede einzelne Sportlerin, jeden einzelnen Sportler besser.

Vor einigen Jahren stellte ich eine Lesung mit musikalischer Begleitung zusammen, die unter dem Motto „Die Kunst des eleganten Scheiterns" stand. Dabei ging es, untermalt von den Klängen meiner bühnenerfahrenen Musikerkollegen Helmut Rödlach und Jürgen Ludescher, um Lernprozesse: um das Aneinanderreihen von Versuchen und Irrtümern, und um die Schlüsse, die wir daraus ziehen.

Scheitern ist ein notwendiger Teil jedes Lernprozesses. Es ist kein Problem, diese Erfahrung zu machen – solange wir sie richtig interpretieren und sie idealerweise nicht ständig wiederkäuen. Lernfortschritte sind wie das Scheitern Teil eines Prozesses, mehr noch, einer Kultur. Scheitern bedeutet nicht, dass ein Versuch umsonst war – er markiert nur einen lehrreichen Teil des Weges, den ich nicht noch einmal genauso, sondern ein wenig anders gehen muss.

Ein wichtiger Part des Lernprozesses ist natürlich seine Begleitung. Wem gebe ich Feedback? Wer gibt mir Feedback? Mit wem teile ich den Zugewinn an Information, den ich durch meine Versuche, die gelungenen und die misslungenen, erreiche? Je mehr Leute an einem Problem arbeiten, desto mehr lernen sie gemeinsam – ein Mechanismus, den sich auch die gerade erwähnten Selbsthilfegruppen zu eigen gemacht haben. Auf dem

UMLERNEN

Weg zum V-Stil hatten auch wir Skispringer tatsächlich etwas von einer Selbsthilfegruppe.

Der französische Philosoph Charles Pépin erklärt uns, dass uns jedes Scheitern etwas über die Beschaffenheit der Wirklichkeit erzählt. Würden wir nicht scheitern, wären wir überzeugt, die Wirklichkeit entspräche bis ins Detail unseren Vorstellungen. Jedes Scheitern hat also Gründe und Ursachen – und diese zu erfahren und zu verstehen, hat etwas Bereicherndes.

Der Tennisspieler Stan Wawrinka, in seinen besten Zeiten Nummer drei der Weltrangliste, hat sich einen tollen Spruch auf den Unterarm tätowieren lassen. Er lautet: „Immer versucht. Immer gescheitert. Egal. Wieder versuchen. Wieder scheitern. Besser scheitern." Der Urheber dieser Zeilen ist der Schriftsteller Samuel Beckett. Er drückt damit etwas unglaublich Schönes aus und bringt den Prozess des Strebens nach etwas Außergewöhnlichem auf einen poetischen Nenner. Er beschreibt das Phänomen, dass die eigenen Lehrjahre nie abgeschlossen sind, dass Ziele dazu da sind, uns zu fordern und zu formen, dass jeder Rückschlag auch einen Keim des Fortschritts in sich trägt. Wieder scheitern. Besser scheitern.

Das ist die Botschaft, die jede gute Trainerin, jeder gute Trainer zu vermitteln weiß: Vielleicht bist du noch nicht am Ziel. Aber die Richtung stimmt. Der Weg ist eingeschlagen. Es gibt keine Garantie, dass es irgendwann „klick" macht, aber es wird immer wahrscheinlicher. Gute Trainer oder Lehrerinnen machen das Warten auf den Fortschritt erträglicher, wie es die Philosophin Natalie Knapp so wunderbar beschreibt.

Dieser Gedanke ist gerade beim Umprogrammieren bestens eingelernter und tief verwurzelter Verhaltensweisen entschei-

Wenn du weniger fernsehen willst, dann stell den Fernseher aus dem Schlafzimmer.

Denn der Kontext löst dein Verhalten aus.

Wenn du gewohnt bist, im Bett fernzusehen, dann wirst du ihn einschalten, sobald du deinen Pyjama angezogen hast.

Außer natürlich, der Fernseher steht nicht mehr da oder irgendwer hat die Fernbedienung versteckt.

dend. Und er hilft auch bei den Selbstwertschwankungen, die jeder Mensch kennt, der etwas riskiert und sich verändern will.

Selbst im Leistungssport finden wir dafür Beispiele, etwa den japanischen Skispringer Noriaki Kasai, der mit über 50 Jahren noch immer im Weltcup startet. Ich nehme an, dass sich seine Ziele im Vergleich zu vor fast 30 Jahren, als er schon Olympische Medaillen und zahlreiche Weltcup-Bewerbe gewann – die letzte Einzelmedaille übrigens mit 42 Jahren 2014 in Sotschi –, verändert haben. Heute springt er nicht mehr um den Sieg. Aber er misst sich an seiner eigenen Leistung und schiebt auf bewundernswerte Weise den Moment hinaus, in dem er abfällt und, seinem Alter gemäß, nicht mehr konkurrenzfähig ist. Sein Nimbus verändert sich dadurch – aber nicht unbedingt zum Schlechteren. Die Bewunderung, die ihm zuteilwird, gilt der Leistung, die für sein Alter vollkommen außergewöhnlich ist. Vielleicht ist diese Bewunderung heute sogar größer als vor Jahrzehnten, als er Siege sammelte.

Ich erinnere mich an manche Sportler, die schon nach den ersten Leistungen, mit denen sie sich bemerkbar gemacht hatten, ganz große Ziele herausposaunten: „Ich spüre, dass ich es in mir habe, Olympiasieger zu werden. Ich spüre, dass ich es in mir habe, den Gesamtweltcup zu gewinnen."

Wir kennen solche Ansagen von überlebensgroßen Figuren wie Muhammad Ali oder Arnold Schwarzenegger, die allerdings nicht nur eine große Klappe hatten, sondern auch entsprechende Leistungen boten. Bei Ali und Arnold war die Großspurigkeit wohl Teil ihrer Sportlerpersona, die dazu diente, Gegner einzuschüchtern und sich psychologische Vorteile zu verschaffen.

Ich war jedoch immer ein größerer Fan von Prozessen als von isolierten Ansagen. Das bedeutet: Ich will am Ende meiner Karriere sagen können, dass ich die bestmögliche Entwicklung genommen und aus dem Talent, das mir zur Verfügung stand, das Beste gemacht habe. Das hat, finde ich, etwas Befreiendes. Nicht jede, nicht jeder hat das Talent, Olympiasiegerin oder -sieger zu werden – und trotzdem kann eine Karriere gelungen sein, auch ohne Goldmedaille oder Weltcup-Gesamtsieg. Wir landen dann beim Resümee des Philosophen (und ehemaligen Ruderolympiasiegers) Hans Lenk, der mündigen Sporttreibenden das Streben nach bestmöglicher Eigenleistung empfiehlt, statt in narzisstisch vergleichendem Konkurrenzverhalten stecken zu bleiben. Erfolge sind in diesem Zusammenhang nicht absolut, sondern relativ.

Damit sind wir beim Thema Augenmaß (mehr dazu in Kapitel 10). Jeder von uns, der sich etwas vornimmt, muss sich einen Rahmen stecken, in den die eigenen Ziele passen. Sie sollten dem eigenen Alter, der Begabung, der Lebensphase angemessen sein.

Ich finde es zum Beispiel sehr spannend, wenn ein zwanzigjähriger türkischer Skispringer sich anschickt, einen ersten Weltcup-Punkt zu machen. Für einen begabten österreichischen Athleten in seinem Alter ist das vielleicht sogar nicht mehr als eine Bringschuld, aber für ihn stellt es einen epochalen Erfolg dar: die erste Weltcup-Platzierung für eine Nation, in der dieser Sport – im Gegensatz zu Österreich – überhaupt keine Tradition hat.

Meine Empfehlung: Fasse deine guten Vorsätze so, dass sie auch erreichbar sind, dass sie nicht automatisch das Scheitern in sich tragen. In vielen der amerikanischen Erfolgsbücher und Karrierebibeln wird eine ganz andere Methode propagiert: Du musst nur genug an dich glauben, und dann schaffst du es ganz nach oben, an die Spitze eines Konzerns, gewinnst die Superbowl oder wirst Präsident.

> **Hör dir den Song „Morgen" von der *Ersten Allgemeinen Verunsicherung* mal an. Und jetzt verrate mir – oder noch besser dir selbst –, in welcher Figur du dich wiedererkennst.**

Die Autoren dieser Bücher haben für diese Behauptung natürlich immer sehr gute Beispiele. Aber sie verschweigen die Legionen von Menschen, die auch ganz nach oben wollten, aber es im Zweifelsfall nicht einmal bis vor die Haustüre schafften, weil sie die Angst vor dem wahrscheinlichen Scheitern an zu großen Zielen direkt in die Passivität oder eine Depression gestürzt hat.

Erfolg beginnt also beim Fassen des *richtigen* Vorsatzes. Es hat keinen Sinn, sich an Unmöglichem abzuarbeiten. Wer stattdessen fordernde, aber machbare Lernprozesse einleitet und gute Gewohnheiten ausprägt, wird weiter kommen, als sie oder er das jemals gedacht hätte.

Auch die richtige Begleitung spielt dabei eine Rolle, Trainerinnen oder Mentoren, die einem dabei helfen, die Vorsätze anzupassen, die Ziele gemeinsam und reizvoll zu formulieren. Es hat nämlich auch keinen Sinn, zu zurückhaltend zu sein beim

Stecken der eigenen Ziele. Wir wissen aus der Schule, dass wir uns langweilen, wenn die Aufgaben zu einfach sind. Das Lernen verliert dann schnell seinen Reiz. Ein Kind langweilt sich, wenn es sich nicht auszeichnen kann. Es möchte großartige Entdecker-Momente erleben, in packenden Aufgaben versinken, Neues kennenlernen, Widerstände überwinden, seine besten Fähigkeiten selbstvergessen zum Einsatz bringen. Bei uns Erwachsenen verhält sich das nicht viel anders.

Sind die Ziele zu hoch gesteckt, ahnen wir das insgeheim – und schalten automatisch zurück, weil wir daran ohnehin nur scheitern können. Auch das ist ein evolutionär in uns angelegter Mechanismus: Wenn wir wissen, dass wir scheitern werden, dann wollen wir auch nicht zu viel Energie darauf verwenden, uns eine vorprogrammierte Enttäuschung einzufangen.

Das Setzen von Zielen ist also, genauso wie das Fassen von Vorsätzen, eine heikle Angelegenheit. Sie müssen in Kenntnis der eigenen Person und Fähigkeiten mit Augenmaß formuliert werden. Starke Vorsätze sind mit Lernprozessen verbunden und atmen spürbar Lebenskraft, wenn gleichzeitig der Weg und der benötigte Energieaufwand mitgedacht werden, wenn sich der Wunsch in eine Art von Prozessmanagement, sorgfältige Abwägung und Planung verwandelt. Die Zwischenziele inklusive Belohnungen – wie das feine Restaurant nach einer Etappe einer mehrtägigen Radtour – gehören zelebriert. Mit guten und schweren Zeiten ist realistischerweise zu rechnen, genauso wie mit einer vorübergehenden Schwankung des Selbstwertgefühls. Und wenn das Abenteuer gelingt, mit einem bereichernden Abschnitt im neuen Leben.

UMLERNEN

Scheitern ist nur ein Anfang

Drei Zitate über das Scheitern – um daraus zu lernen. Und drei Erfolgsgeschichten, die du selbst schreibst.

Wer noch nie einen Misserfolg hatte, hat noch nie etwas Neues versucht.
Albert Einstein, Physiker, Nobelpreisträger

Wenn du auf die Nase fällst, kommt es darauf an, ob du es schaffst, die Schwarzseher zu ignorieren, dich wieder aufzurappeln und gestärkt zurückzukommen.
Barack Obama

Ein bisschen Scheitern ist unvermeidbar. Es ist unmöglich zu leben, ohne jemals zu scheitern, außer man lebt so vorsichtig, dass man genauso gut gar nicht hätte leben können, und dann scheitert man automatisch.
Joanne K. Rowling, Schriftstellerin und Harry-Potter-Autorin

Jetzt du: Schreibe in wenigen Sätzen drei Erfolgsgeschichten auf, an deren Beginn das Erlebnis eines Scheiterns stand.

1 Aus der großen Welt *(Politik, Wirtschaft, Sport)*
....
....
....

2 Aus deinem persönlichen Bekannten- und Freundeskreis
....
....
....

3 Aus deinem eigenen Erleben
....
....
....

KAPITEL 3

TRICKSE DICH AUS!

Wie wir Verhaltensänderungen in unseren Alltag schmuggeln und dabei doppelt Freude haben

BLENDING

Das Prinzip, worum sich dieses Kapitel dreht, stammt weder aus der Sportwissenschaft noch aus der Psychologie. Es bezeichnete ursprünglich die Kunst, verschiedene Tee- oder Tabakblätter so miteinander zu verschneiden, dass sie nicht als einzelne Sorten, sondern als harmonisch schmeckende Verbindung – als *Blend* – wahrgenommen werden.

Der Begriff *Blending* funktioniert analog aber auch für das Vermischen von Dingen und Tätigkeiten mit anderen Dingen und Tätigkeiten, zum Beispiel für das unscheinbare, aber wirkungsvolle Einbinden von Bewegung in den Alltag. Und zwar in einer anderen Weise, als es die meisten von euch wahrscheinlich kennen: Arbeit beenden, heimfahren, umziehen, Sportschuhe an, Fitnessstudio oder Waldlauf.

Ein gutes Beispiel für Blending ist die Entscheidung, nicht mit dem Auto oder den Öffis in die Arbeit zu fahren, sondern mit dem Fahrrad. Nicht nur, dass ich wahrscheinlich genauso schnell oder schneller bin, weil ich nicht im Stau stehe oder mir einen Parkplatz suchen muss, ich bekomme mit Geräuschen, Fahrtwind, Temperaturschwankungen und Gerüchen auch noch ein aktivierendes Naturerlebnis dazu, eingebunden in eine Alltagsgewohnheit. Und habe meine erste Dosis Bewegung schon absolviert, bevor ich im Büro den Computer hochfahre.

Mein Vater hatte sein Blending darin gefunden, dass er sich rund um unser Gasthaus immer um die körperlichen Aufgaben gekümmert hat, zum Beispiel Holz zu machen, mit dem man eine Gaststube und 15 Pensionszimmer heizen konnte. Er hat das gesamte Holz dafür im Wald geholt, in Absprache mit der Vorsäß-Genossenschaft, für die er den Wald aufgeräumt hat. Er hat alte, dürre oder vom Borkenkäfer angegriffene Bäume entnommen, sodass im Wald weder Vieh noch Wanderer durch trockenes oder herabfallendes Holz gefährdet waren – und gleichzeitig organisierte er auf diese Weise das Brennholz für unseren Betrieb.

Und er ist dabei bis ins Alter in Form geblieben. Diese Arbeit war auch sein Fitnesstraining. Denn Sport hat mein Vater nie gemacht. Jede seiner Bewegungen musste eine Funktion haben, Bewegung um der Bewegung willen war ihm fremd, aber bei Sportübertragungen hat er dennoch mitgefiebert. Diesen Widerspruch hat er ausgeblendet, sein eigenes Verhalten aber war Blending im besten Sinn – auch wenn mein Vater das Wort selbstverständlich nicht gekannt hat.

Die Welt hat sich verändert. Wir leben in einer Gegenwart der zivilisatorischen Erleichterungen, die dazu führen, dass viele von uns ihre Arbeit weitgehend im Sitzen verrichten. Manchmal frage ich mich, was mein Vater zu so einer Art von Arbeit gesagt hätte. Wahrscheinlich nicht viel, er hätte nur den Kopf geschüttelt und wäre mit Axt und Zapin in den Wald gegangen.

Nun lässt sich die Uhr nicht mehr zurückdrehen, und wir müssen uns in der schönen neuen Welt zurechtfinden und darauf achten, dass wir unsere über Jahrtausende gereiften Fähigkeiten nicht innerhalb einer Generation verkümmern lassen.

Ich habe mir auch deshalb einen Schreibtisch angeschafft, dessen Höhe ich stufenweise verändern kann. Wenn ich jetzt an einer Arbeit sitze, ist mir das Sitzen nach einiger Zeit zu viel, und ich erledige die nächste Stunde im Stehen, die übernächste vielleicht sogar auf den Knien. Nicht nur, dass die Arbeit im Stehen mehr Energie verbraucht als im Sitzen. Die Arbeit fühlt sich auch gleich anders an, du hast eine andere Statik, die sich auch aufs Denken auswirkt.

Du hast vom
Sitzen bei der Arbeit genug?
Dann steh doch auf.

**Und erledige deine Aufgaben
im Stehen.**

Das gibt dir eine neue Statik,
wirkt sich positiv aufs Denken aus
– und du verbrauchst dabei
zu allem Überfluss
auch noch mehr Kalorien.

BLENDING

Der Gedanke an die stufenlose Einstellung meines Schreibtischs löst bei mir sofort das nächste Thema aus: Stufen.

Ich habe mir angewöhnt, keinen Aufzug mehr zu benutzen, sondern immer die Treppen zu nehmen. Mein Büro zum Beispiel liegt im 4. Stock, und ich erreiche es immer über das Stiegenhaus – außer, es wurden gerade drei neue Kartons mit den „12 Tirolern" geliefert, die nehme ich im Aufzug mit hinauf. Dort treffe ich dann Kolleginnen und Kollegen aus den umliegenden Büros, die mich freudig begrüßen: „Servus, Toni, jetzt warst du aber lange nicht mehr im Büro." Dabei war ich fast jeden Tag da. Nur bin ich sonst nie mit dem Lift – dem Treffpunkt aller Bürogenerationen – gefahren.

Diese Entscheidung hat messbare Auswirkungen. Ein Mensch von 75 Kilogramm Gewicht, der sonst keinen Sport betreibt, verbrennt laut dem Sportwissenschaftler Martin Apolin allein durch regelmäßiges Stiegensteigen – vier Stockwerke, dreimal pro Tag rauf und runter – pro Jahr ein Kilogramm Körperfett. Ohne Fitnessstudio, ohne Dauerläufe. Quasi nebenbei. Durch die gute Gewohnheit, durch Blending, die bald selbstverständliche Entscheidung für die Stiegenbenutzung. „Bei uns kommen sie stufenweise in Form", heißt es beim Stanglwirt neben den Treppen.

Bei mir hat das zu interessanten Nebeneffekten geführt. Wenn ich irgendwo ankomme, wo ich nur den Aufzug, aber kein Treppenhaus sehe, suche ich wie ein Security Agent sofort die Nottreppe. Das ist mir in Fleisch und Blut übergegangen – auch wenn ich dabei nicht immer erfolgreich bin. In einem Hotel in Korea lag mein Zimmer im 17. Stock. Ich lief also die 17 Stockwerke nach oben – aber dann ließ sich die Tür zum Gang nicht öffnen: Sie war darauf programmiert, nur als Fluchtweg von drinnen nach draußen zu dienen. Ich musste also die 17 Stockwerke wieder hinunter und dann den Lift nehmen. Niemand kapierte, warum mir trotz voll aufgedrehter Klimaanlage der Schweiß auf der Stirn stand.

Tatsache ist, dass sich dieses einfache Blending über die Jahre und Monate tief in mein Verhalten eingegraben hat. Ich muss gar nicht mehr darüber nachdenken, ob ich die Treppe oder den Lift nehmen soll. Es ist für mich selbstverständlich, Stiegen zu steigen, und es kostet mich keine Energie, diese Entscheidung zu treffen. Das Blending ist zur Gewohnheit geworden (siehe Kapitel 1).

Diese simplen Beispiele zeigen, wie unkompliziert es ist, Bewegung auch in den Alltag moderner Berufstätiger zu schmuggeln und zum Lifestyle zu machen. Das Gegenteil geschieht. In den Städten tauchen plötzlich Elektroroller auf, die uns das Gehen auf der „Last Mile" von der U-Bahn- oder Autobusstation nach Hause, eigentlich überhaupt jeden kurzen Weg nach A nach B abnehmen sollen.

Ich halte diese Geräte, die so cool und vor allem für junge Menschen attraktiv daherkommen, für völligen Schwachsinn. Sie widersprechen allem, was für die Gesundheit der Bevölkerung und daher auch für die Volkswirtschaft von Bedeutung ist. Während immer mehr Erwachsene, mittlerweile aber auch Kinder und Jugendliche, an Übergewicht und den entsprechenden Folgekrankheiten – von Bluthochdruck bis Diabetes und Herz-Kreislauf-Erkrankungen – leiden, nehmen wir ihnen die letzten Meter selbstverständlicher Bewegung auch noch weg, indem wir ihnen für kleines Geld Elektroroller zur Verfügung stellen.

Ich will gar nicht auf die Probleme eingehen, die E-Scooter sonst noch verursachen – Verletzungsgefahr, Hindernisse im öffentlichen Raum –, sondern nur auf das elementarste: Wir Menschen brauchen unsere beiden Beine, um uns vorwärtszubewegen – und um uns zu kalibrieren. Diese Fähigkeit hat sich über Millionen Jahre ausgeprägt und ist Teil unseres Seins, unserer Weltwahrnehmung. „Wer geht, gewinnt" heißt eines der Bücher von Andrea Latritsch-Karlbauer. Wir sollten diese Erkenntnis nicht gegen das Geschäftsmodell von E-Scooter-Firmen eintauschen.

Meine Frau und ich haben schon immer darüber nachgedacht, wie wir möglichst viel Bewegung in unseren Alltag hineinmischen können. Als wir noch als Studenten von Tirol nach Vorarlberg unterwegs waren, ist Marlene schon zwei Stunden früher mit dem Fahrrad losgefahren, und ich habe sie dann in Imst mit dem Auto aufgeklaubt (seltener umgekehrt). Es ist nicht nur belebend, so zu agieren. Es macht auch Spaß, darüber nachzudenken und einfallsreiche Varianten zu entwickeln.

Blending funktioniert in viele Richtungen. So habe ich mir zum Beispiel angewöhnt, im Grunde langweilige Ausdauerübungen auf dem Ergometer mit geistigen Herausforderungen zu verbinden. In der Coronazeit ist es mir nur deshalb gelungen, Robert Musils „Der Mann ohne Eigenschaften" zu Ende zu lesen, weil ich mir das Rad auf den Balkon gestellt habe und dann in der Sonne las – und auf der Rolle radelte. Zwei Wochen später hatte ich den Klassiker zur österreichischen Befindlichkeit endlich durch – und außerdem ein paar Hundert Kilometer in den Beinen, blöderweise ein Kilo abgenommen, weil ich immer schon vor dem Frühstück und mit leerem Magen (die beste Intensivmethode, um abzunehmen) geradelt bin.

BLENDING

Wenn ich mir etwas im Fernseher anschauen will, zum Beispiel ein Fußballspiel oder ein Skirennen, dann mache ich dazu die eine oder andere gymnastische Übung, gerne auch ein paar aus den „12 Tirolern". Oder – auch ein lustiges Beispiel für Blending – ich schaue das Match oder das Rennen ohne Ton an und übe gleichzeitig Gitarrenriffs oder bestimmte Läufe. So wird Multitasking zum bekömmlicheren Blending, wenn auch nicht für Zuhörer, dafür muss ich schon allein sein. Voraussetzung für gelungenes Blending ist nämlich auch, damit niemandem auf die Nerven zu gehen.

Anderes Beispiel: Rund um unser Haus in Tirol stehen wunderschöne Eichen, von denen im Herbst eine Menge Laub abfällt, einiges davon auf zwei mit weißem Kies gefüllte Beete vor dem Hauseingang. Das schaut fürchterlich aus. Also mache ich täglich einen händischen Auflese-Durchgang, bevor ich ins Büro gehe.

Ich betrachte diese lästige Tätigkeit dann als Dehnungsübung. Ich stelle mich zum Beispiel mit gestreckten Beinen ins Laub, versuche, den Rumpf möglichst weit zu beugen und mit den Händen zwei Handvoll Laub aufzuheben und in die Tonne zu werfen. Oder ich hebe es mit einer besonders tiefen Kniebeuge auf, um wieder ein anderes Stück meiner Muskulatur zu dehnen. Dabei denke ich an die japanischen Tischsitten, die es erfordern, nicht auf Stühlen, sondern tief vor dem Tisch zu sitzen. Ich vermute, dass die Bevölkerung dort durchschnittlich beweglicher sein wird – so wie jene Menschen, die nicht wie wir Sitztoiletten haben, sondern beim Stuhlgang in die Hocke gehen. Beides sind Beispiele für lebenslanges Blending, das kulturell in den Tagesablauf eingeschrieben ist.

Natürlich kann der Transfer auch andersrum erfolgen. Wenn man vom Fitnesstrainer gelernt hat, wie man ein Gewicht richtig hebt, dann wird man diese Fähigkeit auch bei der Gartenarbeit, beim Koffertragen oder beim Heimwerken anwenden – und sich so vor einem Bandscheibenvorfall schützen.

> **Die beste Verwendung für E-Scooter:**
> Lass sie stehen! Nutze den Weg von zu Hause zur Bushaltestelle, um täglich ein paar Schritte zu gehen.

All das sind Fähigkeiten, die uns auf Jahre hinaus stabiler und widerstandsfähiger machen. Es kann ziemlich fad sein, in einem heißen Sommer täglich den Garten zu gießen. Deshalb habe ich mir angewöhnt, beim Gießen immer ein kleines Zirkeltraining zu machen. Einbeinige Kniebeugen am Gartenzaun, seitliche Klimmzüge, alles Mögliche. Dabei zähle ich immer bis 15, weil ich dann ungefähr weiß, wie viele Liter Wasser ich dem Buchsbaum gerade spendiert habe. Wenn ich mit dem Gießen fertig bin, habe ich dann nicht nur das Gefühl, den Pflanzen etwas Gutes getan zu haben, sondern auch mir. Wir haben keinen Rasen mehr, sondern eine Bauernwiese. Beagle Theo und viele Schmetterlinge lieben diese Wildnis. Nach ein paar Monaten schwinge und wetze ich dann irgendwann im Frühtau die Sense.

BLENDING

Oft fange ich wirklich ganz in der Früh mit dem Blending an. Ein Jahr lang habe ich mich während des Zähneputzens in der berühmten Skifahrerhocke an die Wand gesetzt, im rechten Winkel, und dabei meine Zahnhygiene erledigt. Am Anfang habe ich dabei keine Minute ausgehalten, dann wurde es durch das isometrische Training immer besser. Kann sein, dass man dabei einmal auf die Zahnbürste beißt, dann braucht man eine neue. Das ist aber immer noch billiger als ein Ticket fürs Fitnessstudio.

Nur um das ins richtige Verhältnis zu setzen: Die von mir gerade beschriebenen Blending-Maßnahmen ersetzen das Fitnessstudio natürlich nicht. Aber der Sinn des Blendings besteht auch darin, den Körper möglichst oft und quasi nebenbei muskulär zu reizen, sodass er die Muskulatur nicht unnötig schnell verfallen lässt.

Ein nächster guter Nebeneffekt täglichen Blendings besteht darin, dass es dazu anregt, beständig über neue Möglichkeiten nachzudenken: einbeinige Kniebeugen beim Zähneputzen. Entspannungsübungen unter der Dusche, die Schultern und den Kopf senken und das warme Wasser draufprasseln lassen. Oder den Oberkörper – wie beim „Rothirsch" aus den „12 Tirolern" – bei gestreckten Beinen nach vorne hängen lassen und das warme Wasser spüren. Es dauert nur wenige Minuten, und die Beweglichkeit ist besser.

Als eine Art Slackline für Leute mit Höhenangst habe ich auf der Terrasse zwei ganz normale 15 Zentimeter breite Bretter hochkant eingespannt und mich mit unterschiedlichen Absichten daraufgestellt (zum Beispiel, um einmal auf Augenhöhe mit meinem baumlangen Verleger sein zu können). Darauf wackle ich nebenbei herum, das fördert das Gleichgewichtsgefühl und bringt mich auf einfache und risikoarme Weise in Balance. Das wiederum kann als Verletzungsprophylaxe bei einem Sturz günstig sein oder den Sturz überhaupt verhindern. Gleichgewichtsübungen sind generell allen Skisportbegeisterten zu empfehlen, sie kosten erstaunlicherweise nicht besonders viel Zeit. Zweimal pro Woche eine Viertelstunde lang, dann bleibt das Balancegefühl auf einem ziemlich guten Niveau. Und diese Übungen können mit dem Blendingprinzip gut erledigt werden, dafür muss man nicht unbedingt in einen Turnsaal oder ein Studio gehen.

Die Möglichkeiten, Bewegungseinheiten in den Alltag einzubauen, sind nahezu unbegrenzt. In unserer alten Wohnung war im Türrahmen von Marios Zimmer eine Stange montiert, eine Art Rohr, an das man sich hängen kann, um Klimmzüge zu machen oder einfach frei zu schweben. Um meine lädierte Halswirbelsäule zu entlasten, habe ich an der Stange auch mit Gummizügen und Therabändern um den Kopf experimentiert und mich einmal fast erhängt.

Ein Tennislehrerkollege von mir hat erlebt, wie der Dekan der Grazer Sportuniversität bei der Demonstration seiner Aufschlagprobleme den Lampenschirm im Büro mit seinem Racket von der Decke geholt hat. Es hat gekracht, aber leider nicht zum „Vorteil Aufschläger".

Viele Businessmenschen, die leidenschaftlich Golf spielen, haben eine Golfmatte in ihren Büros ausgelegt, um zwischendurch als Belohnung für irgendwas den letzten Putt zu üben oder darum zu spielen, wer das Abendessen bezahlt.

Seit langer Zeit habe ich im Büro immer Jonglierbälle liegen. Jonglieren ist eine großartige Methode, um kurz abzuschalten, das Zusammenspiel von rechter und linker Gehirnhälfte zu verbessern, was der Koordination und der Kreativität, sogar der Empathie förderlich ist. Firmen kann ich auch Kickertische, Pingpongplatten oder Dartscheiben in den Büroräumen zur Pausengestaltung empfehlen, sie bieten eine „blendende" Abwechslung.

Tennisbälle habe ich auch: mittlerweile seltener zum Spielen, sondern vor allem, um mich mit dem Rücken draufzulegen. Sie fungieren dann als regelrechtes Massagegerät, bis man auf die Triggerpunkte stößt, wo es wehtut – oder dorthin, wo sie, richtig platziert, die Wirbelsäule ein bisschen knacken lassen. Auch eine Blackroll kann eine gute Sache sein, ebenso wie andere Massagegeräte, die durch Vibration Faszien und Muskeln lockern, die gerade verspannt sind. So habe ich mir beim Fernsehen schon einige Blockaden rausmassiert.

Die wichtigsten Lehren daraus: Halte Bewegung nicht für ein Universum, das von deinem Alltag strikt getrennt ist. Suche nach Möglichkeiten, beide Welten auf raffinierte Weise zu verzahnen. Jede einzelne unscheinbare Maßnahme ist besser, als unbewegt und schlecht durchblutet im Sitzen zu verharren, bis du davon erschöpft bist. Gib besser den Impulsen deines natürlichen Bewegungsdrangs nach, seien sie noch so klein. Womit du beginnst, ist völlig egal. Hauptsache, du beginnst.

BLENDING

Zähl Äpfel & Birnen zusammen!

Neun Anregungen für Blending: Wie du das Schöne und das Nützliche kombinieren kannst.

1 Mach vor dem Aufstehen im Bett zwei Übungen aus den »12 Tirolern«. Meine Empfehlung: die »Bachforelle« und die »Grille«.

2 Leg bei langen Autofahrten jede Stunde eine Bewegungspause an der Raststätte ein. Zehn Minuten gehen, hüpfen, springen oder Liegestütz machen, dann darfst du weiterfahren.

3 Schau dir deine Lieblingssendungen oder Netflix-Serien nicht vom Sofa aus an, sondern absolviere dabei ein kleines Gymnastikprogramm.

4 Stell dir den Hometrainer auf den Balkon – und such dir ein spannendes Buch aus. Lies es beim Strampeln – und lies erst weiter, wenn du wieder auf dem Hometrainer sitzt.

5 Wenn du auf Reisen bist, nutze die leere Zeit im Zug, im Flugzeug oder beim Warten auf das Taxi, indem du Hörbücher oder Podcasts hörst.

6 Beginne deinen Tag mit leichter Gymnastik, zum Beispiel mit Kniebeugen. Am besten schon beim Zähneputzen. Gut für deine Zähne und für deine Oberschenkel.

7 Bleib beim Home-Office nicht zu Hause, sondern such dir neue Orte, wo du gut arbeiten kannst. Das wird deine Aufmerksamkeit und Achtsamkeit steigern.

8 Leg ein schmales Brett oder eine dicke Schnur in dein Arbeitszimmer oder Büro und balanciere darauf, während du telefonierst. Das stärkt deinen Gleichgewichtssinn (und die Selbstbeherrschung beim Telefonieren).

9 Stell deine Kaffeetassen so hoch in den Schrank, dass du nur rankommst, wenn du dich stark streckst. Das regt den Kreislauf mehr an als der Kaffee selber. (Dieser Tipp stammt übrigens vom Körpersprache-Experten Stefan Verra.)

KAPITEL 4

LASS DIR HELFEN!

Warum wir uns Unterstützung holen sollten und was uns wirklich motiviert

HILFE

In diesem Kapitel geht es um Hilfe – Hilfe, die sich der oder die Einzelne von außen holt. Ich möchte dafür Analogien aus dem Spitzensport heranziehen, wo jede Athletin, jeder Athlet ein übergeordnetes Interesse hat, das absolute Maximum aus sich selbst herauszuholen.

Eine wesentliche Voraussetzung, die Menschen im Spitzensport mitbringen sollten, ist Coachbarkeit: die Bereitschaft, sich beraten und unterstützen zu lassen. Neugierig und offen zu sein für Impulse, die aus dem Betreuerstab kommen und diese nicht gekränkt als persönliche Kritik abzublocken.

Weltcup-Sieger Stephan Eberharter sagte einmal, dass 80 Prozent dessen, was er auf der Piste tut, absolut außer Frage stehen. Diese 80 Prozent sind hart erarbeitet, niemals würde er sie leichtfertig verändern. Sie beruhen auf seinem persönlichen Knowhow, seiner Erfahrung, einer gut ausgeprägten Intuition. Sie stellen ein Abbild der Realität dar, das er zu Recht als seine solide Basis betrachtet.

Aber die restlichen 20 Prozent sind nicht unantastbar. Sie sind Gegenstand seiner ständigen Suche und Neugier. Wenn er also etwas an seinem Set-up verändert – Radius des Skis, Schliff der Kanten –, dann fällt das unter diese 20 Prozent. Und er trifft die Entscheidungen nicht allein. Er lässt sich beraten und helfen. Eine Spitzensportlerin, ein Spitzensportler, der schon viele Erfahrungen gesammelt hat, weiß genau, dass er allein keinen 360-Grad-Blick auf die Welt werfen kann. Er hat zwangsläufig blinde Flecken. Da kommen seine Betreuerinnen und Betreuer, aber auch Kollegen ins Spiel: Die helfen ihm, diese Flecken auszuleuchten.

Das betrifft vor allem Situationen, in denen es nicht so läuft wie geplant. Zum Beispiel nach einer Verletzung, wenn sich die

HILFE

gewohnte Form nicht wieder einstellen will. Ich weiß aus eigener Erfahrung, wie sehr du durch solche Irritationen aus der Bahn geworfen werden kannst. Plötzlich stimmt die Abstimmung mit dem Material nicht mehr, in Folge gerät deine Technik aus der Balance. Du hast keine Erfolgserlebnisse mehr. Du weißt gar nicht mehr, wo du was verändern sollst, um wieder in die Spur zu finden.

Ich erinnere mich, wie Karl Schnabl und ich einmal nach dem Training in Oberstdorf von der Vierschanzentournee nach Hause gefahren sind. Unsere Ski waren viel zu langsam. Wir brauchten zehn Meter mehr Anlauf, um auf dem Schanzentisch dieselbe Geschwindigkeit zu erreichen wie die Athleten, die mit Kneissl-Ski sprangen. Wir wussten: Unter diesen Umständen ist aus eigener Kraft nichts mehr zu gewinnen. Dann bin ich auch noch krank geworden. Mir war klar: Jetzt brauche ich Zeit und Hilfe.

Diese ernüchternde Erkenntnis kenne ich auch aus anderen Lebenssituationen. Nachdem ich 1992 als Trainer der Skinationalmannschaft zurückgetreten war, schrammte ich nahe am Burnout entlang. Und ich merkte täglich, dass ich da aus eigener Kraft – und mit noch mehr Anstrengung – nicht mehr herauskommen würde. Zum Teil hat meine Familie mir dabei sehr geholfen, vor allem meine Frau Marlene, aber ich habe mir auch professionelle Hilfe gesucht. So kam ich zu Christoph Fischer, einem Psychoanalytiker, mit dem ich zweieinhalb Jahre systematisch arbeitete, um wieder Vertrauen in die eigenen Einschätzungen zu gewinnen. Dabei ging es um große Fragen: Warum ticke ich so, wie ich ticke? Warum mache ich mir manchmal das Leben unnötig schwer? Was hat mich geprägt? Was befreit mich von hinderlichem Perfektionismus? Wie soll mein Leben weiter verlaufen? Was soll ich beruflich angehen?

Ich schrieb damals mit Christian Seiler mein erstes Buch „Der kritische Punkt", und die systematische Beschäftigung mit der eigenen Biografie, auch der Kindheit, brachte einiges in Bewegung, veränderte im Lauf der Monate meinen Blick auf die Welt und mich, tat mir gut.

In diesen durchaus fordernden Situationen habe ich gelernt, dass die Familie und ein guter Freundeskreis von höchster Bedeutung sind. Ich habe aber auch herausgefunden, dass ein Coach, der von außen kommt, einen neutralen, abgeklärteren, analytischeren Blick auf meine Probleme werfen kann als jemand aus meiner unmittelbaren Nähe. Wenn ich den Prozess zulasse, statt mich kritisiert zu fühlen und abzublocken, kann ich wachsen. Diese Lehre habe ich im Sport gut verinnerlicht. Eine gute Trainerin, ein guter Trainer kann eben genau und gleichzeitig einfühlsam benennen, was in meinem inneren Ablauf emotionales Chaos verursacht – wenn der von mir ersehnte Sprung

Hast du gute Freundinnen oder Freunde? Dann wirst du auch besser trainieren.
Denn die beste Motivation ist die Gemeinschaft. Es ist viel leichter, zweimal die Woche miteinander joggen zu gehen, als sich allein dazu zu zwingen.

im entscheidenden Moment nicht gelingt, worüber ich vor Zorn aus der Haut fahren möchte. Wenn nach schmerzhaftem Scheitern und einer Abkühlphase ein erhellender Impuls von Trainerseite kommt, der dir spürbar weiterhilft, dann weißt du, welchen Wert Coaching hat. Auch heute erlebe ich das immer wieder und bezahle gerne dafür. Ich habe mir vorgenommen, mir immer wieder mal professionelle Unterstützung zu leisten, denn es gibt Orientierung und macht Freude. Sei dies für eine Pro-Stunde bei einem Golflehrer, einem Gitarrenworkshop, einem Gärtner oder einer Coachingstunde bei Christoph.

Nun hast du vermutlich – wie die meisten Menschen – keinen Tross von Betreuern um dich, deren Ziel es ist, dich auf dem Weg zur Bestleistung zu begleiten, dich aufzufangen, wenn es nicht so läuft, dir Mut zuzusprechen und das Warten auf den Fortschritt erträglicher zu machen.

Nehmen wir nur ein gängiges Beispiel: Der Arzt rät dir zu mehr Bewegung. Du stehst also vor der Frage, was für eine Art von Bewegung das sein könnte. Vorausgeschickt: An der bloßen Information scheitert es nicht. Gute Tipps dafür, wie man sich bewegt, um die Gesundheit zu stärken und Defizite aufzuholen, gibt es vielerorts: vom Buchhandel bis zur Empfehlung der Gesundheitsministeriums-Website (www.sozialministerium.at/Themen/Gesundheit/Gesundheitsfoerderung/Bewegung.html). Von privaten Trainingsangeboten bis zu den Ratschlägen der Krankenkassen.

Aber selbst konkretes Wissen und der Wunsch nach Veränderung helfen uns nur bis knapp vor die Startrampe, nicht weiter. Es bleibt nämlich die Frage, *wie* man die Sache angehen soll. Woher ich die wiederkehrende Motivation nehme, mindestens 150 Minuten in der Woche zu joggen oder zu radeln, zu tanzen oder zu schwimmen. Wie ich es schaffe, in Schwung zu kommen – und, vor allem, in den Niederungen des täglichen Tuns dranzubleiben. Wie es mir gelingt, aus der Erkenntnis einen Vorsatz und daraus eine neue Selbstverpflichtung und schließlich eine Gewohnheit zu machen, die mir irgendwann gefällt – und sogar zum Bedürfnis wird.

Auf diesem Weg sind Hilfe von außen, wiederholte Impulse aus dem Umfeld ganz wichtig. Die Hilfe kann darin bestehen, dass man sich mit Kolleginnen zum Radeln verabredet oder mit dem Partner zum Tanzkurs anmeldet, eine Loipen-Jahreskarte sichert, sich online einer Gruppe anschließt, die „12 Tiroler" (einladend!) auf den Teppich vor dem Fernseher legt oder sich von „Fit mit Philipp" im ORF infizieren lässt. Auch ein Abo im Fitnessstudio kann gemeinsam gelöst werden, um sich gegenseitig zu pushen, um oft genug trainieren zu gehen. So hat mich mein ZDF-Partner Norbert König mit seiner Begeisterung und steten Initiative über den Winter mit Tischtennis angefixt.

Selbst für mich als Bewegungsprofi ist die persönliche Verbundenheit mit Trainern oder Freunden ein wichtiger Grund mehr, ins Studio zu gehen. Es boostet meine Motivation, wenn mir Gerhard Außerlechner, in dessen Studio ich gerne trainiere, zuschaut und nebenbei sagt, dass ihm meine Bewegungsausführung gefällt oder wie ich etwas noch feiner, noch wirksamer machen könnte. Diese persönliche Zuwendung, wahrgenommen zu werden in meinem Bemühen, macht Energie frei, löst in mir eine noch viel größere Freude am Trainieren aus.

HILFE

Es gibt in den meisten Fitnessstudios Personal Coaches, die gut ausgebildet sind. Wenn es finanziell möglich ist, empfehle ich dir, das Training unter Anleitung eines solchen Coaches zu beginnen – und dabei ein paar wichtige Dinge zu erfahren.

Zum Beispiel, dass jemand kompetent und verantwortungsbewusst deine Fitness einschätzen kann: Wo stehst du gerade? Bist du für dein Alter fit, durchschnittlich fit oder gar nicht fit? Welche sind deine Schwachstellen? Ein guter Coach hilft dir, die Situation nicht als demütigend wahrzunehmen, sondern als Realität, von der aus du dir eine neue Realität schaffen kannst. Er hilft dir, keine überschießenden Erwartungen zu formulieren, kann einschätzen und vertrauensvoll vermitteln, dass du auch nach einem Jahr nicht so aussehen wirst wie der Bodybuilder, der sein ganzes Leben im Studio verbringt und maximal zum Schlafen nach Hause geht.

Es ist vielleicht ernüchternd, aber hilfreich, beim ersten Besuch im Studio zu hören: „Bei den ersten zehn Besuchen geht es überhaupt nicht darum, Verbesserungen der Muskelqualität oder deiner Leistungsfähigkeit zu erzielen. Du musst dich nicht sofort verbessern. Wenn du es zu ehrgeizig angehst, wirst du richtig starken Muskelkater haben, der längere Pausen erzwingen wird. Wenn du es dagegen behutsamer angehst, deinen Gelenken und Muskeln und dem Nervensystem die Zeit für die ersten Anpassungsphänomene gönnst, wird es dir guttun, und ich freue mich, dass ich dich auf dem Weg begleiten darf."

So wirst du motiviert, aber ohne Illusionen auf den beginnenden Prozess eingestimmt. Dein Mindset beschränkt sich nicht darauf, dass du das beste Fitness-Abo gekauft hast, das im Angebot ist, sondern richtet sich darauf aus, dass du auf eine abenteuerliche Reise gehst, auf der dich ein kompetenter, empathischer Guide begleiten wird.

Ein wirklich guter Coach verfügt über mehr als Expertise und überlegene Muskelkraft. Er hat Einfühlungsvermögen. Es macht ihm Freude, Menschen bei ihrer Verwandlung zu unterstützen. Er beherrscht alle Register zwischen Realismus, Verführung, Trost und Belohnung. Er kann auch Menschen, die sich schon ziemlich weit von ihrer Biologie entfernt haben, Erlebnisse bescheren, die diese nicht mehr erwartet haben. Das Wichtigste ist aber: Der gute Coach weiß, was möglich ist. Er kann dir erklären, was für dich ein Erfolg ist. Er kann dich an der Hand nehmen und deine Selbstwahrnehmung kalibrieren. Er weiß, wie viel Zeit es braucht, damit Erfolge zuerst spürbar und dann sichtbar werden. Und die gute Trainerin oder der gute Trainer wissen auch, wann sie nicht mehr ständig hinter dir stehen und anleiten, pushen und loben müssen. Sie spüren es, wenn Einstellung und Verhalten zum Selbstläufer, also selbstverstärkend, geworden sind.

Der Weg zur besseren Fitness beginnt nicht mit der sofortigen Verbesserung der Muskelkraft. Er beginnt mit neuronalen Prozessen, die eine Ansteuerung der Muskeln verbessert. Schritt für Schritt lernst du, deine Arme, Beine, das Becken, den Rumpf in den biologischen Funktionseinheiten wieder zu spüren, feinfühlig zu differenzieren und allmählich kraft- und gefühlvoll einzusetzen. Und du wirst motorisch nach und nach geschickter. Über die intensivierte und detailreichere Auffrischung der Wahrnehmung bilden sich die Grundlagen biologischer Umbauprozesse.

Coaches begleiten dich bei diesem Prozess. Sie trösten, verpflichten und locken dich auf eine freundschaftliche, vertrauenswürdige Art. Sie spenden dir Mut für die Reise zu deinem biolo-

Das wichtigste Trainingsutensil?
Dein Kalender.

Es ist nämlich entscheidend, Trainingspläne verbindlich im Alltag einzuplanen.

Der Termin im Fitnessstudio ist dabei genauso wichtig wie ein beruflicher oder einer beim Arzt.

In den Kalender damit und ein großes Rufzeichen dahinter!

gischen Selbst, helfen dir, die Reaktionen von Körper und Psyche zu erkennen und richtig zu interpretieren. Sie motivieren dich wiederzukommen. Das kann viel zum Wohlbefinden beitragen, zur motorischen Lebenstauglichkeit und ist auf jeden Fall eine finanzielle Gegenleistung wert. Gerade jene, die zumindest mit einem Fuß in der virtuellen Welt leben, sind es nicht mehr gewohnt, dass „gut Ding Weile haben will". Sie wollen für alles sofort Erleichterung und eine Lösung.

Natürlich muss es kein bezahlter Trainer sein, der den Job übernimmt, dich zu motivieren. Jede Form von Gemeinschaft trägt zur Motivation bei. Es ist viel leichter, zweimal die Woche gemeinsam mit einem Freund oder einer Freundin joggen zu gehen, als sich jeweils allein zu überwinden. Manchmal hilft es schon, sich beliebige Verbündete zu suchen, auf der Laufrunde immer bei einem Kiosk, einer Almhütte oder einem Bauernhof haltzumachen und sich ein Wasser zu holen, bis die Wirtin oder der Bauer einen kennt und etwas Aufmunterndes sagt – oder anmerkt, dass du jetzt schon lang nicht mehr vorbeigekommen bist. Ich mag diese Form von Selbstverpflichtung auf persönlicher Ebene, weil sie uns Menschen im Innersten entspricht, uns durchhalten lässt und zugleich belohnt.

Wie bei vielen anderen zwischenmenschlichen Phänomenen ist es aber auch in diesem Bereich zur Gewohnheit geworden, Persönliches ins Digitale zu transferieren. Viele Menschen, die beschließen, ein paar Kilo abzunehmen, mit dem Joggen zu beginnen oder einen Tanzkurs zu machen, teilen das der Allgemeinheit zuerst einmal über die sozialen Medien mit. Die Reaktionen ihrer Freunde und Follower lassen nicht lange auf sich warten.

HILFE

Es regnet Herzen und aufgestellte Daumen, die den Absender loben, alles Gute wünschen, überzeugt sind, dass es klappen wird und pushen. Die „Vorsatztäter" haben den Motivationsschub in Form von Likes schon konsumiert, bevor sie sich überhaupt in Bewegung gesetzt haben und sich biologisch auch nur ein Molekül verändert hat. Wenn nach den ersten erwartungsvollen und entsprechend übermotivierten Einheiten die Spontanheilungs-Effekte ausbleiben, sind sie in der Realität des gelebten Alltags auf sich selbst zurückgeworfen. Was passiert? Die anfängliche Begeisterung erweist sich als Strohfeuer und erlischt.

Ich persönlich glaube, dass öffentliche Ankündigungen für viele Menschen mehr Druck als Motivation bedeuten. Oft wird die mit großem Trara begonnene Mission mangels begleitender Unterstützung nicht in einen Prozess überführt. Deshalb halte ich es für klüger, wenn du den Ball flach hältst und deine Pläne nur mit Menschen teilst, die dir bei ihrer Realisierung wirklich helfen können – und das bist nicht zuletzt du selbst.

Eine Methode, die ich für realistisch und gut halte, ist das Führen eines Tagebuchs. Als aktiver Sportler habe ich ein Trainingstagebuch geführt, in dem die reinen Leistungsdaten aufgezeichnet wurden. Ich habe aber auch ein intimeres Tagebuch geführt, in dem ich meine Gedanken notierte – über den Zusammenhang von Training und Leistung (und sogar über die größten Fische, die mir beim Fischen an den Haken gegangen sind). Meistens bin ich dann am Abend zu einem Resümee des Tages gekommen und habe für den nächsten Tag einen Vorsatz formuliert (weniger beim Fischen, dort ist der Erfolg doch mehr als beim Skispringen vom Zufall oder Petrus abhängig). Zum Beispiel, dass ich am Schanzentisch beim Absprung eine Feinheit im

HILFE

Nacheinander der Sequenzen – oder auch nur den Druckpunkt auf der Sohle – verändern wollte. Oder dass ich beim Volleyballspielen nicht so überehrgeizig bin und mich nicht wie das Rumpelstilzchen persönlich aufführe, wenn wir nicht gewinnen.

Die Ergebnisse meiner guten Vorsätze habe ich im Tagebuch am Abend des jeweils nächsten Tages analysiert, also immer im Blick gehabt, ob ich meine Versprechen an mich selbst auch beherzigt habe. Ob es mir leichtgefallen ist, oder ob ich mich übernommen habe. Wie es mir dabei emotional ging.

So etwas ist äußerst hilfreich. Selbstverständlich gibt es inzwischen auch ein großes Angebot an digitalen Tools, Kalendern, Tagebuchmasken, Smartphone-Apps, die ein ähnliches Ziel verfolgen. Ich finde das eine nicht besser als das andere. Jedes Werkzeug hat seine Vorteile. Entscheide dich einfach für jenes, das dir sympathischer ist und von dem du dir mehr Erkenntnis versprichst – und eine längere Haltbarkeit. Wie beim Schreiben kann ein Wechsel des Schreibwerkzeugs – vom Laptop zu Füllfeder oder Bleistift und umgekehrt – für frischen Wind sorgen.

Apropos Haltbarkeit: Es ist wichtig, die Pläne, die du machst, verbindlich im Alltag zu verankern. Wenn es darum geht, wann du damit beginnst, ins Fitnessstudio zu gehen, dann solltest du diesen Termin genauso behandeln wie eine berufliche Verabredung oder einen Arzttermin: Er wird in den Kalender eingetragen. Bleibt nicht ungefähr, sondern wird konkret.

Außerdem hilft es, nicht zu viel zu wollen. Ich gehe zum Beispiel selten länger als eine Stunde ins Studio. Klar, ich könnte auch länger bleiben und intensiver trainieren. Aber ich setze nicht auf die überschätzte Wirkung eines einzelnen Trainings, sondern auf die Kontinuität, die sich daraus ergibt, dass wöchentlich zweimal „Fitness" in meinem Kalender steht. Irgendwann nach zwanzig, dreißig oder vierzig Terminen entwickelt sich die verordnete Wiederholung spürbar zu einer liebgewonnenen Gewohnheit, und diese Gewohnheit unterstützt dich extrem dabei, das Training vom Einzelereignis in einen Prozess, in einen Lebensstil umzuwandeln.

Wann beginnst du, die Gewohnheit zu spüren?
Nicht von Anfang an. Am Anfang spürst du vielleicht den einen oder anderen Muskelkater oder dass irgendwo etwas wehtut – auch da ist aufklärende Unterstützung der Coaches (etwa sorgfältiger aufzuwärmen und mit niedrigeren Gewichten anzufangen) sehr hilfreich.

Du stellst auch fest, dass der Gedanke ans Studio sich noch wie ein ungebetener Gast anfühlt, dem man ganz gerne ausweichen würde. Er stört die gewohnten Kreise. Er passt noch nicht in den Tagesablauf. Andere Dinge scheinen naheliegender und selbstverständlicher, haben mehr Sog.

Mit der Zeit aber registrierst du leichte Effekte. Zuerst, dass du nach dem Training ungewöhnlich hungrig bist. Kann auch sein, dass dein Schlaf erholsamer wird. Vielleicht spürst du dann, dass sich Alltagswehwehchen – ein verspannter Nacken zum Beispiel oder ein schmerzender Rücken – weniger bemerkbar machen, weil der Rumpf langsam stabiler wird.

Und irgendwann beginnst du ans Training zu denken, ohne dass du den Termin mit Leuchtstift im Kalender markieren musst. Irgendwann verspürst du das Bedürfnis, bald wieder ins Studio zu gehen.

Du gehst ins Fitnessstudio
und nimmst trotzdem zu?
Was läuft hier falsch?

**Gar nichts.
Am Anfang wachsen die Muskeln,
ohne dass Fett abgebaut wird.**

Bleib dran,
bis sich dieser Prozess umdreht.

**Dann verbrennen deine
Muskeln sehr brav das Fett
– schließlich sogar,
wenn du schläfst.**

Lass dich übrigens nicht davon abschrecken, wenn du nach dem ersten Monat im Studio ein bisschen zugenommen hast. Denn deine Muskelmasse hat sich in dieser Zeit leicht vergrößert, die Muskeln speichern mehr Wasser, während das Fett noch nicht in dem Ausmaß abgebaut wurde. Wenn du Geduld hast und dranbleibst, wirst du die Umkehrung dieses Prozesses erleben. Deine Muskeln beginnen im Lauf der Zeit, Fett zu verbrennen – rund um die Uhr, sogar im Schlaf. Nach zwei, drei Monaten zeigen sich die erfreulichen Anzeichen und Auswirkungen der Selbstregulation bereits auf vielen Ebenen.

Ich bin ein begeisterter Amateurgitarrist, weil die Musik einen wohltuenden Kontrast zu meinem körper- und leistungsbetonten Leben bildet. Einer meiner Musikfreunde hat mir den digitalen Geschwindigkeitsregler empfohlen, den Musiktutorials und Apps anbieten. Dieses Tool hat mir unglaublich geholfen, komplizierte Passagen erst langsam zu üben, zu verinnerlichen und erst anschließend das Tempo zu steigern. Klingt banal, ist es aber nicht. Für jeden Lernprozess ist diese Erfahrung – die Dynamik zurückzuschrauben, dem jeweiligen Ablauf auf den Grund zu gehen, also eine Struktur zu schaffen – eine extreme Hilfe. Was ich beim Gitarrespielen gelernt habe, lässt sich nämlich auch bei anderen motorischen Dingen, zum Beispiel beim Tennis oder beim Golfspielen, verwenden.

Ein Geheimnis beim Golf lautet etwa, dass ich nur dann meinen Schlag verändern kann, wenn ich nicht mit voller Dynamik abschlage. Der Ball fliegt zwar nur ein Drittel so weit wie sonst, aber dafür mache ich eine astreine Bewegungserfahrung, die ich geistig halbwegs mitvollziehen kann. Diese Anweisung meines langjährigen Golftrainers Didi Posch habe ich erst verstanden, als ich die hilfreiche Erfahrung beim Gitarrespielen gemacht hatte. Ich selbst war in meinem angestammten Bereich, dem Sport, zu eitel gewesen, um auf diese Analogie zu kommen. Zu gerne hört man das laute Schmatzen eines hart getroffenen Balls. Man will die Kompression bei jedem Schlag spüren, haut mit ganzer Kraft drauf und verfestigt damit das Muster, das man eigentlich verändern will. Man kann nicht aussteigen aus dem Karussell von Vorstellung, Erwartung und motorischer Schleife. Manche wollen gar nicht wissen, wie ihre Bewegung aussieht, dabei kann man sich ganz einfach mit dem Handy selbst aufzeichnen und der Wahrheit nüchtern ins Auge blicken. So ein erschreckendes, aber eben ehrliches Video war der Anlass, dass ich beschloss, entweder mit dem Sport aufzuhören oder ernsthaft eine Veränderung anzugehen, die auch auf einer Videoaufnahme zu erkennen ist, statt nur eingebildet zu sein.

So konnte ich etwas aus dem Musikzimmer auf den Golfplatz mitnehmen und von dort aus auch in mein tägliches Leben: wie ich mit Dingen umgehe, die mich zwar interessieren, die ich aber nicht beherrsche. Zum Beispiel mit der Gartenarbeit. Natürlich weiß ich im Prinzip, dass es klug ist, mit jemandem zu reden, der sich auskennt, bevor ich anfange, den Apfelbaum zu schneiden. Ich hole mir also endlich Hilfe, damit nicht noch einmal passiert, dass wir so wenig Äpfel ernten, weil ich den Baum drei Jahre lang falsch geschnitten hatte.

Gravierende und ständig wiederholte Fehler vermiesen die Freude, am Vorsatz dranzubleiben. Statt einen befriedigenden Prozess zu starten und unspektakulär, aber merklich vorwärtszukommen, geht es plötzlich nur noch um Schadensbegrenzung. Den voreiligen Ankündigungen auf Instagram folgt dann der geordnete oder verschämt überspielte digitale Rückzug – oder einfach Schweigen. Meistens muss dann eh wieder der innere Schweinehund als Sündenbock herhalten.

Denk daran, dass es nicht notwendig ist, alle Fehler selbst zu machen – mein Leben reicht dafür jedenfalls nicht mehr aus. Sich helfen zu lassen, steigert die Wahrscheinlichkeit und verbessert die Chance, dass wir an der Umsetzung unserer Vorsätze dranbleiben. Kluge Hilfe sorgt dafür, dass wir uns nicht beim Schwimmen gegen den Strom verausgaben. Helferinnen und Helfer stellen sicher, dass wir das Richtige üben und unser Energieaufwand zum erzielten Fortschritt passt. Sie helfen uns, nicht auf halbem Weg stecken zu bleiben, sondern Abzweigungen oder sogar Abkürzungen zu erkennen. Das Leben ist kurz. Es ist viel zu schade dafür, dass wir all unsere Energie in ernst zu nehmende Vorsätze investieren, uns aber mangels Unterstützung auf halbem Weg die Luft ausgeht.

Dieselbe Lehre bekommst du auch aus dem Spitzensport. Athletinnen und Athleten haben nicht die Zeit, sich mit Versuch und Irrtum durch die Evolution ihrer Sportart und ihre Karriere zu quälen. Sie brauchen Hilfe und Navigation für elegante Abkürzungen – und das ist in der Kultur des Spitzensports fix vorgesehen. Lass dir helfen. Unsere Besten habe sich so schnell entwickelt, weil sie von spezifischem Know-how in komprimierter und didaktisch aufbereiteter Form profitiert haben. Ihr professionelles Umfeld hat das Know-how in Praxis und Theorie über Jahrzehnte erarbeitet, verfeinert und kann es als Basis zur Verfügung stellen. Die Begabtesten und Beharrlichsten saugen es in ihren Lernprozessen auf, machen es zum Teil ihrer selbst und entwickeln im Idealfall „auf den Schultern" ihrer Förderer etwas weiterführend Geniales oder zumindest Originelles mit Neuigkeitswert. Mit der richtigen Unterstützung fasst auch du den Mut, Aufgaben anzugehen, die dir heute noch zu schwierig erscheinen mögen. Mit der Hilfe von Kennern der Materie hütest du dich auch vor Vorsätzen, die nicht zu dir passen.

PS: Lies Biografien. In den besten bekommst du Fachwissen und Know-how auf unterhaltsame Weise serviert, tauchst ein in Leben voller Glück, Pech, Kämpfen, Scheitern, Aufstehen. Diese Lektüre ist oft sehr viel wertvoller als unpersönliche Ratschläge, die du dir irgendwo holst. Denn sie vermittelt gute Geschichten. Und wir Menschen brauchen gute Geschichten.

HILFE

Auf zur Expertin!
Der vielleicht wichtigste Tipp für alle Lebenslagen

Geh zum jährlichen Gesundheitscheck.
Das ist eine elementare, aber umso wichtigere Empfehlung. Mach den Check gemeinsam mit einer Freundin oder einem Freund. Motiviert euch gegenseitig, gesund zu leben.

Lies einen Ratgeber oder eine Biografie.
Denn das Wissen von Expertinnen und Experten ist da, frei verfügbar, und kann dir auf die Sprünge helfen.

Probier unter Anleitung von Coaches verschiedene Trainingsmethoden aus.
Und entscheide dann, welche dich anspricht.

- Kieser-Training
- Muskelaufbautraining in einem zertifizierten Studio
- Yoga
- Pilates

Überleg dir, auf welchen Gebieten du dich unterstützen lassen kannst und willst. Nimm dann konkrete Hilfsangebote wahr:

- Coach im Sportstudio
- Trainer:in bzw. Lehrer:in beim Golfen, Tennisspielen, Schwimmen Singen, Musizieren etc.
- Physiotherapeut:in
- Ernährungsberater:in
- Ein Mensch, mit dem du gemeinsam Sport betreibst
- Eine Gruppe, mit der du dich zu irgendeiner Form von Bewegung oder einer anderen Aktivität triffst
- Ein Außenstehender, der zu deiner Selbstverpflichtung beiträgt
- Trainer:innen und Expert:innen in Sportvereinen oder Clubs
- Beziehungsberater:in als Impuls für deine Partnerschaft
-
-
-

KAPITEL 5

BLEIB DRAN!

Wie wir es schaffen, bei der Sache zu bleiben, und was analoge Tätigkeiten und Erlebnisse dabei bewirken

FOKUSSIERUNG

Entwicklungspsychologisch ist es nachvollziehbar, also normal, dass Kinder gerne etwas tun, was ihren Eltern gefällt. Die Kinder wollen von den Eltern „gesehen" werden. Dafür ernten sie ihre Beachtung und Anerkennung, und das ist während eines bestimmten Lebensabschnitts das Allerwichtigste.

Später, im Alter zwischen zwei und drei Jahren, lernen Kinder aber etwas Neues: Plötzlich können sie sich total in eine Aufgabe, eine Herausforderung vertiefen, egal, ob es ihre Bausteine, Puppen oder Malfarben sind. In diesem Moment der totalen Hingabe vergessen sie alles andere. Die Welt rundherum existiert nicht mehr für sie. Nicht einmal die Frage, was ihre Eltern davon halten oder dazu sagen, ist in diesem Augenblick von Bedeutung.

Dieses Phänomen, das der Hirnforscher Gerald Hüther herausgearbeitet hat, nennt er *Shared Attention,* es wird auch später im Leben von Bedeutung sein, zum Beispiel bei der Zusammenarbeit mit anderen Menschen. Im Wesentlichen geht es dabei darum, dass Menschen Interesse, Begeisterung und Hingabe für ein Thema entwickeln können. Das Interesse und die Lösungsanstrengungen bei dieser oder jener Aufgabe packen das heranwachsende Kind mit Haut und Haar. Alle sozialen Bezugsgrößen (selbst „Mamas Rockzipfel") wandern in den Hintergrund. Ganz egal, ob man nun besser als die Schwester ist oder ob die Lösung der Aufgabe Anerkennung verspricht, die Faszination der Aufgabenstellung rückt statt des eifernden Gerangels um Aufmerksamkeit in den Mittelpunkt. Bis dahin ungekannte Energien bündeln sich auf Ziele außerhalb des familiären Bindungsbedürfnisses.

Tiefe Konzentrationsfähigkeit ist eine wertvolle Eigenschaft, die viele Menschen mitbringen. Manche haben sie allerdings nicht, vielleicht weil sie in der kindlichen Sozialisierung nicht ausgeprägt wurde. Sie wachsen zu Menschen heran, die es nicht ertragen, wenn sie nicht selbst im Zentrum der Aufmerksamkeit stehen. Sobald sie merken, dass etwas für die anderen gerade interessanter ist als sie selbst, ziehen sie irgendeine Nummer ab, um die Aufmerksamkeit wieder auf sich zu lenken. Oder sie stellen eine vollkommen unpassende Frage, die den logischen Fluss der gemeinsamen Arbeit – und die emotionale Dimension der Konzentration auf das jeweilige Thema – abreißen lässt. Streit und Stress ist ihnen lieber, als übersehen zu werden, selbst wenn sie dabei eine wertvolle Stimmung zerstören. Sie können tragischerweise nicht erkennen, was sie dabei versäumen.

Gerade die absolute Vertiefung ist eine Voraussetzung dafür, dass man Arbeiten genießen, dass man Faszination spüren und sich in ihr verlieren kann – und damit näher an den Kern der Sache heranrückt. So entstehen Flow und Funktionslust. Selbst wenn man müde, erschöpft oder am Ende der eigenen Kräfte ist, die Faszination des Gegenstands, den man gerade bearbeitet, ist größer. Das ist die emotional-kognitive Alchemie, die unsere kulturellen Prozesse auf vielen Ebenen weitertreibt.

Bei hochklassigen Musikern zum Beispiel steht im Idealfall das Miteinander für den besten Klang im Mittelpunkt. In meiner ehrenamtlichen Tätigkeit als Vereinsobmann der „OBERTÖNE", eines Kammermusikfestivals im Stift Stams, sammle ich faszinierende Einblicke in diese besondere Welt. Jemand, der neu zum Ensemble stößt, kann ein noch so begabter Musiker, eine noch so grandiose Musikerin sein, unausgesprochen bleibt das Miteinander – die interne musikalische Kommunikation und die künstlerische Interpretation des Werkes – im Zentrum. Wer, bei aller Virtuosität, dabei vordergründig mit dem Publikum kommuniziert statt mit den Mitmusikerinnen und -musikern, agiert am zwischenmenschlichen und künstlerischen Anspruch der Formation vorbei. Wer sich selbst narzisstisch in den Mittelpunkt drängt, ist nicht länger Teil der konzentrierten musikalischen *Shared Attention.*

Konzentration und Vertiefung sind Eigenschaften, die Eltern, Großeltern, gute Lehrerinnen und Lehrer, gute Coaches, fördern, vermitteln und verstärken können. Natürlich braucht es dafür auch Anreize und Belohnungen, spielen auch Erfolgserlebnisse eine Rolle. Diese emotionale Begleitung macht es leichter und attraktiver, selbstvergessene Beschäftigung als wertvoll zu erleben und zur Gewohnheit werden zu lassen. Wertschätzung seitens der Eltern bedeutet auch, die meditativ-fokussierte Hingabe der Kinder demonstrativ zu schützen, zu würdigen, statt sie an sich binden zu wollen. Ein Ziel zu erreichen und den Zusammenhang zwischen andächtiger Anstrengungsbereitschaft und gutem Ergebnis zu erleben, machen es uns dann leichter, länger bei der Sache zu bleiben. So entwickelt sich *intrinsisches Interesse* an kniffligen Herausforderungen, die Freude daran, seine Fähigkeiten auf die Probe zu stellen und ein entsprechender Stil der konstruktiven, inspirierenden Zusammenarbeit.

Wenn diese Voraussetzungen stimmen, fällt es uns wesentlich leichter, Störfaktoren auszuschalten, nicht immer wieder zum Handy zu greifen, Mails zu checken oder sonstigen Ablenkungen nachzugeben. Heutzutage bezeichnen Psychologen und Gehirnforscher wie Manfred Spitzer oder Frieder Beck diese Persönlichkeitseigenschaften als *exekutive Funktionen*. Eine dieser Funktionen nennt sich *Inhibition,* die Fähigkeit, sich nicht von

Schon einmal einen Vorsatz
in den Sand gesetzt?

Damit bist du nicht allein.

Die bloße Willenskraft
reicht einfach nicht aus,
um das Leben im Handumdrehen
und auf dem direkten Weg
zu verändern.

**Geschickt angelegte Serpentinen
führen langsamer,
dafür aber verlässlich
auf den Gipfel.**

FOKUSSIERUNG

Außenreizen von einer Aufgabe ablenken zu lassen, Störfaktoren ausblenden zu können. Man bekommt diese Kompetenzen nicht so ohne Weiteres vererbt, man kann sie nicht downloaden, wenn sie gerade benötigt wird. Sie werden in lebensnahen Prozessen und herausfordernden Situationen, wie zum Beispiel im Sport, beim Erlernen eines Instruments oder beim Handwerken erworben. Die Förderung von *Shared Attention* ist die schon in der Kindheit angeeignete Grundvoraussetzung zur Ausbildung von *Inhibition,* der Fähigkeit, es – trotz Ablenkung im Innen oder Außen – spannender zu finden, an einer Sache so lange dranzubleiben, bis ich einen Schritt weiter bin.

Allerdings sollte man auch der Konzentration vernünftige Rahmenbedingungen schaffen. Zum Beispiel ein angenehmes Raumklima, vernünftige zeitliche Einteilung der Arbeitsetappen, die der eigenen Aufmerksamkeitsspanne angemessen sind. Aber auch in Aussicht gestellte Belohnungen: Pausen, in denen etwas Angenehmes geboten wird, nicht nur ein Glas Wasser oder ein Espresso. Vielleicht ein kurzer Spaziergang, etwas, worüber man herzhaft lachen kann, ein bisschen Jonglieren oder eine andere Form von Blending (siehe Kapitel 3). Nach einigen konstruktiven Stunden im Büro freue ich mich zum Beispiel auf eine Dreiviertelstunde „Schwung- und Flugbahnmeditation" auf der Golf-Range. An schönen Tagen bin ich mit dem Fahrrad unterwegs ins Büro, zwei Schläger an die Querstange gebunden. Mein attraktives Arbeit-Spiel-Ausdauer-Blending ist perfekt.

Es gibt eine Fülle von Lehren aus dem Spitzensport. Sportler trainieren, um bei der Sache zu bleiben. Grundbedürfnisse, die schnell und einfach zu befriedigen sind, dürfen nicht für Ablenkungen sorgen. Das heißt, ich muss regelmäßig trinken, und

FOKUSSIERUNG

wenn mich beim Laufen ein verrutschter Socken stört, dann muss ich das richten, bevor ich mir eine Blase einfange. Wir können unsere Energie nicht dauernd für das Lösen vermeidbarer Probleme verwenden. Zum Beispiel, dass beim Training die Brille anläuft. Solche Sachen müssen wir im Vorfeld regeln, in diesem Falle mit einem Antibeschlagtuch, damit wir nicht an Kleinigkeiten scheitern – denn oft ist es genau so.

Ich erinnere mich noch sehr gut daran, als unser Kräuterhexer Willi Dungl einmal zu uns kam und gesagt hat: „Alles ist wichtig! Sogar wenn dein Zehennagel falsch geschnitten ist und du in die Anlaufspur springst und das schmerzhaft spürst, kann dir das den Sprung verhauen!"

Recht hatte er. Banale Dinge sollte man tunlichst im Vorfeld klären, mit voller Blase springt es sich übrigens gar nicht gut. Allzuleicht findet der Geist irgendeine Ausrede, warum es gerade jetzt nicht funktionieren kann mit der Konzentration.

Natürlich stellt sich rasch die Frage, ob wir das Dranbleiben, unsere Versenkung in die jeweilige Aufgabe, nicht nur lernen, sondern auch trainieren können. Das geht etwa durch Rituale, Routinen und gute Gewohnheiten, die man einübt, um in die Arbeit hineinzukommen. Mit kleinen Schritten, zum Beispiel ein paar Fingerübungen, bevor man sich der nächsten großen Aufgabe widmet. Nicht zufällig bereiten wir Sportlerinnen auf den Wettkampf vor, indem wir sie sich erst einmal warmlaufen, Tennisspielerinnen sich ganz locker einschlagen, Fühlung mit gekonnten Abläufen und der bevorstehenden Herausforderung aufnehmen lassen.

An dieser Stelle entdecken wir natürlich jede Menge Analogien zu unserem täglichen Leben. Wir verengen langsam den

FOKUSSIERUNG

Fokus, bündeln Energie und Interesse. Schließlich bringt die Digitalisierung eine Sturmflut von Ablenkungen mit sich: Information, Entertainment, Nachrichten, persönliche Ansprachen – alles findet sich konzentriert und höchst einladend auf unserem Laptop oder Handy. Konzentrationsfähigkeit, Urteilsvermögen, Arbeitshaltung, Inhibition und Entscheidungskraft werden unter diesen Umständen zu Grundvoraussetzungen dafür, dass wir überhaupt anfangen und in der Folge vorwärtskommen können.

Ich stelle dazu eine ketzerische Frage: Wie viel Multitasking verträgt der Mensch? Es gibt ja bereits genug Warnungen, dass ein hohes Maß an Multitasking zu Problemen führen kann, wenn wir ständig glauben, alles gleichzeitig machen zu können – oder zu müssen. Dieser Zustand aber ist extrem fordernd. Kombiniert mit dem gefährlichen selbstüberschätzenden Glauben, mit vier bis fünf Stunden Schlaf auszukommen, kann diese „Highperformer-Mixtur" geradewegs in den Burn-out führen.

Kehren wir zurück zu den Momenten des Versinkens und Sich-ganz-auf-eine-Sache-Konzentrierens. Fritz Weilharter, Professor für Psychologie und Sportpsychologie – und ein guter Freund von mir – hat ein vor allem für Eltern lesenswertes Buch geschrieben: „Die neue Elite. Warum Kindern ohne Smartphone die Zukunft gehört". Darin weist er darauf hin, wie wichtig es ist, dass Kinder neben ihren digitalen vor allem analoge Kompetenzen entwickeln.

Ältere Generationen beobachten ihre Kinder und Enkel ja voller verklärender Bewunderung, weil sie so flink und routiniert den Computer bedienen können und sich die permanent hinzukommenden Neuerungen selbstverständlich und scheinbar mühelos aneignen. Sie halten den Nachwuchs überhastet für hochbegabt. Wer seine berufliche Zukunft in der Computerbranche sieht, als Programmierer, Socialmedia-Expertin oder Webdesignerin, muss wirklich dranbleiben, muss die digitalen Lektionen selbstverständlich und vertiefend lernen, um die Basisstrukturen auszubilden, die es braucht, um später wirklich gut oder gar exzellent werden zu können.

> **Versuche, nicht ständig zwei oder drei Sachen gleichzeitig zu machen!** Multitasking ist nur scheinbar eine Qualität. Wer glaubt, alles gleichzeitig machen zu können, läuft Gefahr, sich direkt in den Burn-out zu manövrieren.

Für den großen Rest sind die faszinierenden Geräte zeitgemäß-unverzichtbare Werkzeuge, die in allen Berufen als Hilfsmittel verwendet werden. Mehr sollten sie allerdings auch nicht sein. Wer sich also ohne Not zu sehr dieser Welt ausliefert, läuft Gefahr, durch die intensive Beschäftigung mit den digitalen Reizsystemen Gehirnstrukturen auszubilden, die nicht zufällig auf eine permanente Ablenkbarkeit programmiert werden. Wie wir unser Gehirn benutzen, so entwickelt es sich! Man hat zwar diesen digital erweiterten Horizont, der es einem erlaubt, auf alles Mögliche gleichzeitig anzuspringen und zu reagieren. Aber es fehlt einem die Fähigkeit, sich zu konzentrieren und an einer Sache wirklich dranzubleiben, weil ja einen Klick weiter etwas viel Spannenderes warten könnte.

Als Maßnahmen zum Gegensteuern sieht Fritz Weilharter analoge Lebenswelten wie Sport, Spiel, das Erlernen eines Musikinstruments oder handwerkliche Tätigkeiten. In diesen Feldern wird durch direktes Erleben das Verständnis für logisch-praktische Zusammenhänge geschult, echtes haptisches Erfahren und Begreifen, unersetzbarer sozialer Austausch gelebt und Lernerfahrungen mit echten Menschen gemacht statt mit Internet-„Freundschaften". Man übt sich in Warten und Geduld, Lösungskompetenz, Gewinnen und Scheitern. Gerade das analoge Scheitern eröffnet wertvolle Lernprozesse und Einblicke in die Beschaffenheit der Wirklichkeit. Denn dabei kann nicht beim ersten Ansatz von Langeweile oder Frustration auf ein anderes Programm umgeschaltet werden.

Unlängst habe ich mit Joschi Faschingbauer, meinem jung und unternehmungslustig gebliebenen Konditionstrainer aus den Siebzigerjahren, Tischtennis gespielt. Seine Frau, Lehrerin für technisches und textiles Werken und Turnen, erzählte, dass es alarmierend sei, wie sehr die Leistungsfähigkeit der Kinder zurückgegangen ist, im Turnunterricht, aber auch in den feinmotorischen Disziplinen. „Du kannst den Kindern", sagte sie, „fast nicht mehr beibringen, zu stricken oder zu häkeln. Erschreckend viele bringen dafür weder die Geduld noch die Fingerfertigkeit mit." Wenn man weiß, wie stark unsere Fähigkeit, Dinge gedanklich

FOKUSSIERUNG

begreifen zu können, mit der Wahrnehmungsfähigkeit unserer Hände und Finger zusammenhängt, dann muss man das tatsächlich als Alarmzeichen verstehen.

Ich halte es für essenziell, sich der digitalen Welt keinesfalls zu verschließen, wach zu bleiben, dabei aber nicht aus den Augen zu verlieren, dass unser wahres Leben, vor allem auch als lebendiger Körper und Organismus, nicht im Netz stattfindet.

Es ist verlockend, aber nicht ratsam, zu viele Interessen und Fähigkeiten ins Digitale auszulagern. Es braucht gleichzeitig Begeisterung und Vorbereitung für die Welt, in der praktische Fähigkeiten gefragt sein und geschult werden sollten. Vielleicht gibt es so etwas wie einen generationsübergreifenden soziokulturellen Auftrag an uns hybride *Digital Immigrants,* deren Leben sich anfänglich noch ganz ohne Digitalisierung entwickelt hat? Erkennt man uns vielleicht daran, dass wir so gut wie nie von irgendwelchen Ereignissen auf dem Smartphone oder dem Computer träumen? Die Digitalisierung hat zwar unseren Alltag massiv, aber noch nicht unser Unterbewusstsein erfasst. Im Innersten ticken wir offenbar immer noch nicht digital.

Beim Umbau der Welt zum globalen digitalen Dorf könnten Errungenschaften und Herangehensweisen aus der praxisbetonten Vorzeit stabilisierend und bereichernd wirken und Lebenstauglichkeit, Führungsfähigkeit und Originalität begründen. Dranzubleiben, bis eine Lösung dämmert und mit köstlichem Aha-Erlebnis gefunden wird, ist so ein evolutionäres Erbstück, das es sich weiterzugeben lohnt. Es funktioniert allerdings nur, wenn es als Prozess mit persönlichem Einsatz erfahren und eingeübt wird.

Hast du schon einmal
auf dich selbst vergessen?

**Großartig!
Die absolute Vertiefung
in eine Tätigkeit ist
die beste Voraussetzung dafür,
dass man seine Arbeit genießt,
ihre Faszination spürt und
näher an den Kern der Sache
heranrückt.**

Durch das Versinken
in einer Aufgabe entstehen Flow
und Funktionslust.

FOKUSSIERUNG

Wenn ich als Kind eine Trainerin habe, die begeistert Volleyball spielt, dann reißt sie mich mit ihrer Begeisterung mit. Auch die Eltern tragen da Verantwortung, indem sie mit ihren Leidenschaften bei den Kindern Interesse wecken und sie mitnehmen, ob das Musik ist oder Sport oder auch etwas ganz anderes wie Mathematik, Fischen, Kochen oder Gartenbau.

Ich habe zum Beispiel spät angefangen, Gitarre zu spielen. Unser Sohn Jakob saß als Kindergärtler und Volksschüler manchmal neben mir und hat beobachtet, wie ich relativ unbegabt, aber interessiert an den Saiten herumzupfte. Irgendetwas daran hat ihm gefallen und er hat später selbst begonnen zu musizieren. Ein Vierteljahrhundert später, letzte Weihnachten, saß er dann bei uns zu Hause und spannte die Saiten meiner Westerngitarre um – er ist Linkshänder. Dann spielten wir miteinander. Zuerst brav und bemüht stimmungsvoll Weihnachtliches, zuletzt landeten wir bei Van Morrison und Dr. Kurt Ostbahn, und es war herrlich: ein Erlebnis, wie es nur in der wirklichen Welt möglich ist.

Menschen, die etwas anpacken oder Veränderungen in ihrem Leben durchführen wollen, brauchen dafür praktische Kompetenz, deren Grundlagen sie sich in der analogen Welt angeeignet haben. Diese Kompetenz spricht Menschen direkt an und macht sie stärker. Sie gibt ihnen die Kraft, Verantwortung zu übernehmen, Neues nicht zu fürchten und den Unterschied zwischen Können und Bluffern zu erspüren. Wenn ich meinen Rasenmäher reparieren will, muss ich seinen Mechanismus verstehen oder jemanden, der es kann, für die Reparatur bezahlen. Das kostet oder es wird dauern und nicht sofort gemacht sein. Ich muss mich informieren, Verständnis entwickeln, vielleicht scheitern, noch einmal beginnen.

Aber es ist unglaublich befriedigend, dranzubleiben – und es am Ende selbst zu schaffen. Rechtzeitig erlernte analoge Kompetenzen und Erfolgserlebnisse im echten Leben sind die Voraussetzung dafür. Auf die Resultate müssen wir vielleicht warten, aber wenn wir dranbleiben, werden sie sich einstellen.

Das ist nicht immer ein nur schönes Erlebnis. Aber es macht unser Leben aus.

FOKUSSIERUNG

Konzentrier dich auf *eine* Sache!

Und profitiere davon den ganzen Tag, mindestens.

Die erste Stunde des Tages genießen.

Mach in der ersten Stunde des Tages
jeden einzelnen Handgriff ganz bewusst in Ruhe,
einen nach dem anderen.
Übe damit Singletasking – im Gegensatz zum Multitasking.
Und spüre selbst, welch ordnende Wirkung
dieser Tagesbeginn auf dich hat.

Analog handeln.

Such dir ganz bewusst eine analoge Tätigkeit,
die du magst, und verankere sie in deinem Alltag –
zum Beispiel Kochen, Basteln, Gärtnern, mit Holz arbeiten,
Singen, Lesen, Nähen, Malen, Stricken, Laufen, Spazierengehen.
Lass dich bei deinem Tun nicht von digitalen Medien
oder anderen Ablenkungen stören. Notiere dir,
wie lange es dir gelingt dranzubleiben.

Inhibition trainieren: die Fähigkeit, nicht abzuschweifen.

Lies einen Roman oder einen Krimi auf Englisch.
Weil das anstrengender ist als auf Deutsch,
braucht die Lektüre mehr Aufmerksamkeit – und lässt
die Gedanken nicht abdriften.

KAPITEL 6

BEWEG DICH!

Warum wir Bewegung brauchen, selbst wenn wir keinen Sport mögen. Was zu dir passt und wie du zu einem bewegten Lebensstil gelangst

Die zentrale Frage, die sich viele Menschen stellen, lautet: Wie kann ich Bewegung in meinem Alltag unterbringen? Wie schaffe ich es, sie zu einem Teil meines Lebensstils zu machen?

Mit den „12 Tirolern" habe ich dazu zwölf konkrete Vorschläge gemacht und in der Einleitung über Erfahrungen und Rückmeldungen dazu berichtet. Einige Hotels haben „Die 12 Tiroler" mit meinem Segen und persönlicher Einweisung in ihr Angebot aufgenommen.

„Die 12 Tiroler" sind ja entstanden, um praktisch überall und zu jeder Zeit ohne großen Aufwand ein zeitsparendes, kompaktes und wirksames Bewegungsprogramm durchführen zu können – man braucht dafür nicht einmal unbedingt eine Gymnastikmatte. Sechs, sieben unserer Übungen kann man sogar im Bett machen – ich selbst praktiziere das regelmäßig, bevor ich aufstehe. Ich strample dann die Decke weg und turne auf der Matratze als Erstes ganz gemächlich, mit der Einsteigerversion beginnend, die „Bachforelle".

Apropos „Bachforelle": Sie hat sich als beliebteste Übung herausgestellt. Ich höre von vielen Menschen, dass sie die „Bachforelle" täglich machen. Das Anziehen der Knie in Rückenlage, das seitliche Verwinden tut offenbar vielen gut.

Ich ziehe daraus eine entscheidende Lehre: Selbst eine so kleine Dosis Bewegung wie die „Bachforelle" morgens im Bett transportiert eine wichtige Information vom Kopf zum Körper: Hey, du bist mir wichtig. Wir tun und spüren gerade etwas, was uns beiden guttut.

Ich turne im Bett übrigens auch die „Grille", den „Dachs", den „Gamsbock", den „Flusskrebs" und den „Bär". Das sind Rumpfübungen, die mich wunderbar auf den Tag einstimmen, aktivieren und innerlich spürbar zusammenhalten. Aber ich habe auch noch viele andere Möglichkeiten ausprobiert und ritualisiert, um „Die 12 Tiroler" in meinen Alltag zu integrieren. Wenn meine Frau eine „Universum"-Doku anschaut, setze ich mich zu ihr aufs Sofa und schaue kurz passiv mit zu – aber zwischendrin stehe ich auf, setze mich auf den Teppich und baue die eine oder andere Übung, völlig unabhängig von den gerade über den Bildschirm flimmernden Tieren in den Fernsehabend ein, biete „Ringelnatter", „Alpensalamander" oder „Kreuzspinne" auf.

Wenn ich mit dem Auto unterwegs bin, bleibe ich nach einer oder eineinhalb Stunden stehen, so wie viele Autofahrer das machen, die eine Kaffee- oder Zigarettenpause einlegen. Ich mache eine Bewegungspause, suche mir eine der Bänke, die an den Raststätten herumstehen und zelebriere, unabhängig von der Jahres- oder Brunftzeit, den „Rothirsch", manchmal den „Dachs". Gelegentlich reizt mich das Stufensteigen mit temperiertem einbeinigem Absprung auf eine vorhandene Bank. Es ist ja nicht so, dass ich nur die Bewegungen mache, die in den „12 Tirolern" festgeschrieben sind. Auch motorische Relikte aus meiner Springerzeit verlangen ihr Recht auf Durchführung. Vielleicht noch ein paarmal Liegestütz, schräg auf dem Tisch aufgestützt (Beine am Boden, Hände am Tisch oder auf der Bank), damit nicht die ganze Kraft nötig ist – und am Schluss noch die „Kreuzspinne", weil sie diese wertvollen seitlichen Drehungen vorsieht und die Oberschenkel- und Gesäßmuskulatur durchblutet und aktiviert.

Es ist wirklich erstaunlich, was dieses Blending (siehe Kapitel 3) aus Kilometerfressen und Bewegungspausen mit mir macht. Wenn ich fünf Stunden unterwegs bin, bleibe ich zwei-, dreimal stehen und bewege mich zehn Minuten. Statt erschöpft und verkrampft am Ziel anzukommen, steige ich aus und habe das Gefühl, nur eineinhalb Stunden unterwegs gewesen zu sein. Ich kann jeder und jedem nur empfehlen, es auszuprobieren: kleiner Aufwand, riesige Wirkung. Die Golfer unter uns sollten auf langen Reisen immer ein paar Schläger im Kofferraum und einen Handschuh als Erinnerungshilfe im Cockpit haben. Eine 45-minütige Fahrtunterbrechung auf einer Übungsanlage, danach eine kurze Dusche, und weiter.

Wenn du in langwierigen Sitzungen müde wirst, kannst du sogenannte Überkreuzkontraktionen im Sitzen ausprobieren. Dafür spannst du für fünf bis zehn Sekunden und mit Gefühl zuerst den rechten Oberschenkel und gleichzeitig den linken Armbizeps und dann den rechten Gesäßmuskel und gleichzeitig die linke hintere Schultermuskulatur an. Die Botenstoffe werden dich wacher machen! Versuch das aber nicht etwa im fahrenden Auto!

Auch auf Reisen sind die „12 Tiroler" ganz leicht zu machen. Ich lege dann im Hotelzimmer ein Handtuch auf den Boden, mache ein paar Übungen und schaue dabei zum Beispiel aus dem 15. Stock des Motel One auf den Wiener Hauptbahnhof hinunter. Großartig. Aber auch im Zug habe ich schon Übungen gemacht, zwischen den Abteilen oder, wenn wenig Leute unterwegs sind, direkt im Abteil. Im Büro mache ich die Übungen sowieso. Wenn ich lange sitze, turne ich die „Ringelnatter", setze mich auf den Boden und dehne behutsam. Das ist mir in Fleisch und Blut übergegangen, es liefert schlagartig ein feineres Körpergefühl, entspannt im doppelten Sinn und beugt Muskelverkürzungen und niederschwellig auch Hüftleiden vor.

Fang nicht einfach
zu trainieren an.

**Überleg dir zuerst,
wann und wo du trainieren willst,
wer dich dabei unterstützen
und wie du dich selbst überwachen
kannst.**

Sonst ist die Gefahr groß,
dass du irgendwo anfängst
und schon bald wieder irgendwo
aufhörst.

Eines noch dazu: Nur relativ selten mache ich alle „12 Tiroler" auf einmal. Da bin ich in keiner Weise dogmatisch, und es ist mir ganz wichtig, das hier auch noch einmal explizit zu sagen.

In diesen Absätzen habe ich schon einiges vorweggenommen, was die Verankerung von spezifischer Bewegung im Alltag betrifft. Ich möchte aber noch ein bisschen weiter ausholen und unterstreichen, wie wichtig es ist, zudem eine Ausdauersportart zu machen, ob das Spazierengehen, Joggen oder Radfahren ist, Langlaufen, Skitouren, Inlineskaten, E-Biken oder Schwimmen.

Welche Art von Bewegung zu uns passt und uns förderlich ist, hängt natürlich vom Zustand des Bewegungsapparats ab, vom allgemeinen Trainingszustand und unserem Umfeld. Wichtig ist, nicht dem Fehlschluss aufzusitzen, dass Bewegung nur für den Körper, seine Form oder das Aussehen von Bedeutung ist. Das haben Neurowissenschaftlerinnen wie Manuela Macedonia eindrucksvoll beschrieben. Ihr origineller Grundsatz: „Ich laufe nicht für meine Figur, sondern für mein Gehirn."

Mit den neuesten bildgebenden Verfahren ist der Nachweis möglich, dass Bewegung gerade jene Gehirnregionen besonders gut durchblutet, die für anspruchsvolle geistige Leistungen von Bedeutung sind. Ausdauersport, regeneratives Laufen macht uns nicht nur körperlich belastbarer. Es unterstützt das Abspeichern von komplexen Gedächtnisinhalten, also die Merkfähigkeit. Ausdauertraining unterstützt ganz grundlegend die Erholung. Diese Erkenntnisse begründen zum Beispiel, warum Skispringer, die eigentlich von ihrer Schnellkraft leben, auch (wenngleich bitte nicht zu viele) Ausdauereinheiten trainieren: So können sie – laufend – Stress abbauen, indem sie die stressinduzierten Botenstoffe, die sich im Körper angesammelt haben, physiologisch besser verarbeiten.

Diese Zusammenhänge sind nicht unbekannt. Viele Menschen haben ausprobiert und wahrgenommen, welche positiven Auswirkungen Bewegung auf ihre Gesamtkonstitution und ihr Lebensgefühl hat. Was genau für jedes Individuum richtig ist, muss dieses selbst herausfinden. Es gibt Menschen, die sich lieber im Fitnessstudio anstrengen, andere ziehen es vor, abenteuerliche Wanderungen durch den Wald zu machen, wieder andere lieben es, beim Längenschwimmen Fliesen zu zählen. Und es gibt viel mehr als zwölf Tiroler und Tirolerinnen, die mit Tourenski unterwegs sind. Wichtig ist mir, dass keine dieser Tätigkeiten, mit G'spür zelebriert, besser oder schlechter ist als eine andere. Sie muss zu uns passen und uns locken.

Es gibt so viele Bewegungstypen wie Menschen auf der Welt. Es gibt Spielertypen, Asketinnen, Kraftlackln, Leistungsfetischisten, aber auch Genusswanderinnen und alle möglichen Mischformen davon. Das bringt uns zu einem entscheidenden Punkt: Wer Bewegung in seinen Alltag einbauen möchte, muss sich überlegen, wie er sich dafür belohnt. Der Asket ist stolz darauf, vielen Verlockungen und Annehmlichkeiten widerstehen zu können, das ist ihm Belohnung genug. Der Märtyrer genießt seine Robustheit, der Genusswanderer gönnt sich am Ziel seiner Route ein kleines Bier, einen Apfelstrudel oder beides, während sich eine Leistungsfetischistin innig über eine neue Bestzeit freuen kann.

Ich selbst bin für Verstärkung und Belohnung sehr empfänglich und verhehle nicht, dass mir mittlerweile das kleine Belohnungs-Bier oder der Saure Radler lieber sind als der edle Verzicht oder

der Blutgeschmack im Mund, der das Zeichen höchster Anstrengung im anaeroben Bereich versinnbildlicht. Verstärkungen sind da, damit wir uns gut merken, dass sich die Mühe gelohnt hat und auf diese Weise die Lust auf Wiederholung wecken. An dieser Stelle darf ein Zusammenhang nicht verschleiert werden: Die Belohnung wird als köstlicher empfunden werden, wenn davor etwas bewältigt worden ist – wenn man sie sich „verdient" hat.

Wie herrlich ist es, bei schönem Wetter zu Hause in Tirol oder auch im Bregenzerwald Langlaufen zu gehen. Es macht für mich einen großen Unterschied, ob ich in einer schönen Winterlandschaft unterwegs bin oder auf einem dünnen Schneeband, das am Wegschmelzen ist. Ersteres ist ein Naturerlebnis der Extraklasse, das zweite ist immer noch gute Körperertüchtigung. Als leidenschaftlicher Skater ist für mich schon der Fahrtwind im Gesicht und am Körper Belohnung, der Beweis für die Fähigkeit, mit eigener Muskelkraft, Rhythmus und Technik eine Geschwindigkeit zu erreichen, die die Wahrnehmung der Luftkonsistenz dramatisch verändert. Allerdings weiß ich, dass ich für den richtigen Speed meine Ski immer wieder wachsen muss, damit sie richtig rutschen, gut gleiten.

Aber nichts gegen die Langläufer, die sich eher skiwandernd, *cruisend* an der Schönheit der Landschaft erfreuen wollen. Jede Bewegung ist gleich viel wert – es kommt nur darauf an, dass jede und jeder von uns das Richtige für sich findet.

Dafür braucht es am Anfang eine Art Selbstbefragung. Jeder von uns weiß, ob er eher ein Spieler- oder ein Ausdauertyp ist, ob ihn Bälle mehr motivieren oder schöne Landschaften oder glänzende Fitnessgeräte oder all dies in wunderbarer Abwechslung...

BEWEGUNG

Toll, dass du dich für eine Ausdauersportart entschieden hast.
Aber das allein reicht noch nicht ganz.
Wir müssen, vor allem
in fortgeschrittenem Alter,
auch etwas für unsere Muskelkraft
und Gelenkigkeit tun.

Ich selbst bin eher der Spielertyp: Liebe den Golfplatz, habe früher begeistert Tennis gespielt – und bin in den letzten Jahren auf meinen Reisen als ZDF-Skisprung-Experte zum Tischtennis-*Aficionado* geworden. Mein Kollege und Freund Norbert König hat mich an fast allen Destinationen stundenlang zum Ping-Pong verführt, auf Küchentischen, Outdoor-Betontischen, einmal sogar zur Geisterstunde über eine Gläserreihe im norwegischen Nobelrestaurant. Norbert hatte immer ein Netz dabei, die Schläger sowieso, fertig war die Sportstätte, ob in der chinesischen Kantine oder im Freien bei minus sieben Grad in der Fußgängermeile neben der Oper in Oslo. Für solche Späße bin ich immer zu haben. Norbert hatte schon die Nummer des örtlichen Tischtennisclubs, wie zuletzt in Fischen im Allgäu oder beim PSV Tischtennis in Villach während der Nordischen WM in Planica. Er sorgte dafür, dass wir in Schwung blieben, dass die täglichen Partien zur Selbstverständlichkeit wurden.

Manchmal braucht es für gute Gewohnheiten auch tiefer greifende Improvisationen. Zum Beispiel konnte ich nach einer misslungenen Kieferoperation, bei der ein wichtiger Nerv verletzt und gelähmt worden war, nicht mehr vollwertig Tennis spielen. Das war vor allem emotional sehr belastend für mich, weil das Tennis ein wichtiger Teil meiner sportlichen, vielleicht sogar meiner persönlichen Identität war.

Nach einem Intermezzo mit Anwälten, Versicherungen und vielen medizinischen Untersuchungen beschloss ich, von einer Kunstfehler-Klage abzusehen. Ich wollte nicht mehr ständig über meine Defizite nachdenken, mich immer mehr hineinsteigern und allmählich zum Hypochonder werden. Deshalb wechselte ich wieder einmal meine Hauptsportart. Unser Sohn Mario holte mich zurück zum Golfen – und das erwies sich als Glücksgriff. Ich entdeckte nicht nur eine faszinierende Sportart aufs Neue, sondern rutschte auch in einen speziellen Freundeskreis hinein. Es war wieder ein Ball im Spiel, und meine Geschicklichkeit, meine Schnellkraft und Bewegungspräzision, Timing und Touch waren wieder richtig gefordert. Hinzu kam, dass Golf eine Sportart ist, in der sehr klug mit den Spezifika von Alter und Geschlecht umgegangen wird: Ein ausgetüfteltes Reglement macht es möglich, dass Frauen, Männer, Kinder, Erwachsene, Pensionisten von unterschiedlichen Abschlägen problemlos miteinander spielen und sich trotz unterschiedlicher Leistungsniveaus spannende Matches liefern können.

Bewegung spielte in meinem Leben immer eine gewichtige Rolle. Früher, als Leistungssportler, war ich eindeutig der Schnellkraft-Typ, ein Sprinter und Springer. Davon darf sich jeder mit diesen speziellen muskulären Voraussetzungen im Lauf der Jahre langsam verabschieden. Einerseits wird die Verletzungsgefahr zu groß, andererseits müssen Typen, die wie ich einen hohen Anteil an „schnellzuckenden" Fasern haben, aufpassen, dass sie nicht zu schnell ihre Muskulatur verlieren. Ganz einfach auch deswegen, weil wir ab 60 vorsichtshalber kaum mehr springen und selten explosive Bewegungen machen. Dabei gilt bei Muskeln wie bei so vielem: *Use it or lose it!*

Josef Wiesauer deckt in „Kraft meines Alters" auf, dass wir nach der Lebensmitte hohen Kraftaufwand zunehmend scheuen. Das lässt uns Ausdauersportarten bevorzugen, weil wir dabei nur 30 bis 40 Prozent unserer Muskelkraft einsetzen. So gute Effekte das auch zeigt, es fehlt etwas. Wir schummeln uns mit ausschließlichem Ausdauertraining nämlich leicht an altersbedingten Defiziten wie nachlassender Gelenkigkeit oder schwindender Muskelsubstanz und -kraft vorbei. Im Unterschied zu anderen Trainingsformen sollte man beim effektiven Krafttraining mit mindestens 65 Prozent des maximal zu bewältigenden Gewichts trainieren (gut aufgewärmt und mit voller Anstrengungsbereitschaft bei der jeweiligen Übung).

Weil das normale Leben die entsprechenden Bewegungen und Aufgaben nicht mehr für uns vorsieht, komme auch ich an einem gemäßigten Krafttraining nicht vorbei. Mein oberster Muskelexperte Gerhard Außerlechner sagt mir dann immer einfühlsam: „Du brauchst keinen Sixpack haben und keine Rekorde mehr aufstellen, Toni. Aber du darfst deine Muskeln nicht verkümmern lassen, du solltest ein bisschen bulliger werden."

Dabei spielt es auch gar keine Rolle, wenn man einen kleinen Bauch oder das eine oder andere Prozent mehr Fettanteil feststellt. Solange wir dem Fett genug Muskelmasse in anderen Körperregionen entgegenstellen können, ist alles im Lot. Gerhard sagt: „Der qualitativ hochwertige, energiegeladene Muskel richtet dich auf. Die Botenstoffe, die er bei Betätigung ausschüttet, schaffen Antriebskraft. Nebenbei verbrennt die Muskulatur Fett, sogar im Schlaf."

Im Lauf der Zeit will der trainierte und regenerierte Muskel wieder arbeiten, er möchte aktiv werden. Die Lust steigt. Man sucht sich eine Aufgabe, um zuzupacken, um die Kraft der eigenen Muskulatur wirksam bei der Arbeit zu spüren.

Die Optik vieler Fitness-Influencer mit ihren dehydrierten und definierten, vielleicht sogar geschminkten oder mit Photoshop bearbeiteten Bäuchen führt dabei in eine völlig falsche Richtung, sowohl was die Gesundheit als auch was die Lebensqualität betrifft. Aus dem Bodybuilding weiß man, dass diese extrem dünnhäutigen Muskelpartien nur mithilfe extremer und nicht zu emp-

> **Bewegung ist übrigens nicht nur für den Körper gut.** Neurowissenschaftler:innen haben herausgefunden, dass vor allem ein Organ von regelmäßiger Bewegung profitiert: unser Gehirn.

fehlender Methoden und Ernährungsregimes für kurze Wettkampfphasen herausgemeißelt werden können.

Von Spitzensport ist im Zusammenhang mit Gesundheit und Lebensqualität sowieso abzuraten. Spitzensport zielt auf die optimale Ausschöpfung der Potenziale eines bestens geeigneten Körpers für die jeweilige Bewegungsaufgabe. Das bewegt sich natürlich an der Grenze dessen, was gesundheitlich für einen kurzen Zeitraum zumutbar ist – und darüber hinaus.

In diesem Zusammenhang kann ich mich heute glücklich schätzen, dass meine Karriere als Spitzensportler schon mit 22 Jahren vorbei war. Ein Orthopäde meinte, dass es mein Glück war, dass ich nach der Karriere wenig zugenommen habe und deshalb eine verminderte Arthrose-Anfälligkeit habe. Außerdem blieb die Anzahl der Jahre, während derer ich mit Höchstbelastung im Hochleistungsbereich unterwegs war, relativ gering. Beides ist langfristig für meinen Bewegungsapparat mit Sicherheit positiv, auch wenn der frühe Abschied vom Spitzensport für meine Psyche nur schwer zu verstehen und zu verdauen war.

In den Jahren danach, während des Studiums und später als Trainer und Sportmanager, musste ich deshalb eine Lektion lernen, die auch für viele Menschen wichtig ist, die sehr wettkampforientiert Sport betreiben: Ich musste die Idee aufgeben, überall und in jeder Disziplin der Beste sein zu wollen. Denn mit dieser Erwartung bringt der Sport zum Stress im beruflichen Alltag noch zusätzlich Stress ins Leben – und plötzlich brennst du an beiden Enden. Ich erinnere mich sehr gut daran, wie ich von einem Seminar in der Toskana mit dem Auto nach Natters raste, weil ich dort ein Meisterschaftsspiel für meinen Tennisklub bestreiten musste. Ich kam total gerädert an, weil auf der Strecke

Staus waren und ich Angst hatte, zu spät zu kommen und die Mannschaft im Stich zu lassen. Bei einer 6:2 Führung im entscheidenden Tie-Break, einem unglücklichen Netzroller und auf Reserve flackerndem Mental-Akku, nahm mein sportliches Schicksal seinen bitteren Lauf …

Der Sport, der eigentlich komplementär zum Beruf für Ruhe und Entspannung sorgen sollte, presste mich aus wie eine Zitrone. Das Spiel verlor ich, zwar knapp, aber doch.

Aber für mich war die Niederlage gut, weil sie mir vor Augen führte, dass der Sport für mich in Zukunft eine andere Funktion übernehmen musste.

Deshalb kann ich dir heute aus eigener Erfahrung dazu raten, dass Bewegung und Sport im Alltag die Anstrengungen des Berufslebens kompensieren und ausgleichen statt dich ausbeuten sollten. Bewegung kann unsere Batterien aufladen – wenn sie richtig gewählt und dosiert ist. Sport oder andere Hobbys sind nur dann sinnvoll, wenn sie nicht mehr Energie kosten, als sie liefern. Daher: Augen auf bei der Wahl der richtigen Sportart (und ihrer Dosierung).

Auch in diesem Zusammenhang sind – wie bei der Selbstbeobachtung des eigenen Essverhaltens oder der Nutzung digitaler Geräte – eine gewisse Ehrlichkeit sich selbst gegenüber und das Ernstnehmen freundschaftlicher Ratschläge ratsam.

Für einen bestimmten Typus Manager oder für andere Spitzenkräfte in der Wirtschaft mag es tatsächlich der richtige Ausgleich sein, wenn sie mit ihrem Fahrrad Ultramarathons fahren – wie mein Rotary-Freund Prof. Kurt Matzler, der beim Race Across America 2022 als Sechster ins Ziel kam und nebenbei eine unglaubliche Spendensumme für einen guten Zweck einsammelte. Es handelt sich dabei um extrem gut organisierte Personen, die über eine außergewöhnliche Konstitution verfügen, die ihnen Spitzenleistungen im Beruf und in der Freizeit ermöglicht. Sie sind aber sicher nicht die Regel, sondern echte Ausnahmen.

Bei sehr vielen Menschen sind das Scheitern an einer Aufgabe oder gesundheitliche Probleme Auslöser dafür, etwas in ihrem Leben umzubauen. Vielleicht wächst ihnen der Stress im Beruf über den Kopf und sie hören auf Warnsignale ihres Körpers. Scheitern kann schmerzhaft sein, aber es leitet auch eine menschliche Phase der Demut ein, in der wir hellhöriger werden und aufgeschlossener gegenüber Veränderungen sind.

Ich habe selbst zweimal am Burn-out angeklopft und daraus die Lehre gezogen, dass ich klüger mit meinen Ressourcen umgehen muss. Dass sich mein Bewegungsverhalten nicht zur Sportsucht auswächst, dass ich die leistungsmäßigen Ziele, die ich mir setze, mit Augenmaß entwickle: meinem Alter und meinem Typ entsprechend. Raubbau ist gefährlich! Bis ich das Bewusstsein entwickelt hatte, die sportlichen Belastungen meinem Alter und meiner Konstitution anzupassen, brauchte es einen jahrelangen Prozess.

Wir ehemaligen Extremsportler sollten unser hochgezüchtetes – und nicht immer alltagskonformes – Risikoverhalten im Lauf der Jahre überdenken und es unseren sich verändernden Fähigkeiten anpassen. Im Sport, bei Arbeiten im Alltag oder auch auf der Straße. Eine Aufgabe, mit der auch ich mich gerne konfrontiere. (Als „Exerzitium" empfehle ich, auf der Autobahn zumindest eine halbe Stunde zehn Stundenkilometer unter dem Geschwindigkeitslimit zu fahren, sich überholen zu lassen und dabei die wohltuende Wirkung der Langsamkeit zu entdecken.)

BEWEGUNG

Mit zu uns passendem Bewegungsverhalten bereichern und vertiefen wir viele Jahre unseres Lebens. Davon bin ich überzeugt, weil wir Menschen das in unserem animalischen Erbe, unserem genetischen Code, einprogrammiert haben. Unsere Gene transportieren all die Informationen und Möglichkeiten, das Potenzial für unsere Entfaltung in vielen Dimensionen. Damit sie aktiviert werden, müssen wir uns bewegen, sozusagen die epigenetischen Umstände und Konstellationen dafür schaffen.

Bewegung ist ein Ausdruck von Lebenstüchtigkeit, unbändigem Überschuss der Lebenskräfte, von motorischer Entdeckerfreude, von Lebenslust. Normalgewichtige Kinder demonstrieren es ständig, oft intensiver und lautstärker, als es den Eltern lieb ist.

Sobald Bewegung in unserem Leben wieder zur Gewohnheit geworden ist, bedeutet das eine Heimkehr ins uralte Programm von *Mother Nature*. Wir werden natürlichen Hunger und Durst entwickeln, abends eine gesunde Müdigkeit spüren, nachts besser schlafen und uns wie von selbst gut erholen.

Wie wir uns auf dem Weg dorthin selbst überlisten können und was Regeneration für unser Leben bedeutet, das liest du in den nächsten beiden Kapiteln.

BEWEGUNG

Setz deinen Körper in Gang!

Die wichtigsten Fragen (und kurzen Antworten), bevor du ein neues Bewegungsprogramm startest

Wie finde ich die beste Sport- und Bewegungsform für mich?
Frag jemanden, der sich auskennt: ausgebildete Coaches, Sportwissenschaftler, Trainer:innen in Fitnesshotels, Sportmediziner:innen. Lass die Finger von der Hauruck-Variante mit riskanten Selbstexperimenten.

Welche Kriterien muss ich bei der Wahl der richtigen Sportart zugrunde legen?
Alter. Gewicht. Vorerfahrung, Vorlieben, Freundeskreis. Im Netz gibt es alle möglichen Testangebote, allerdings ohne Garantie, dass sie tatsächlich zutreffen. Der Königsweg zur richtigen Sportart führt über den Rat der Expertin oder des Experten.

Wo finde ich den besten Rat?
Natürlich in Fitnessstudios, sportmedizinischen und sportwissenschaftlichen Praxen, aber auch in der Vereinswelt. Dort triffst du auf ausgebildete Menschen, mit deren Hilfe du die vielleicht wichtigste Frage klären kannst: Habe ich wirklich Lust auf diese Bewegungsform?

Wie lege ich mein Training an?
Treibe Sport in der Gruppe – oder mit Gleichgesinnten. Gemeinsam Sport zu machen, hilft dir, deinen inneren Schweinehund zu besiegen.

Wie setze ich mir Ziele?
Vorsichtig, aber doch mit einem gewissen Ehrgeiz. Das Ziel kann alles Mögliche sein: der Großglockner, eine lange Wanderung oder ein Tanzabend, ein kleiner Auftritt, drei Kilo weniger, ein Sportabzeichen, genauso wie ein Staffellauf beim Marathon.

Wie fange ich an?
Langsam. Es sind schon viele gute Vorsätze daran gescheitert, dass die natürlichen Anpassungszeiten des Körpers an neue Herausforderungen nicht respektiert wurden. Fang bedächtig an. Entwickle Freude an der Bewegung und steigere ganz langsam, aber dafür kontinuierlich dein Pensum.

KAPITEL 7

LASS LOS!

Warum wir Erholung und Entspannung so dringend brauchen und wie wir es schaffen, uns neu mit Energie aufzuladen

ERHOLUNG

Nachdem ich mich in den vorhergehenden Kapiteln für die Unerlässlichkeit von Bewegung im Alltag stark gemacht habe, möchte ich dieses Kapitel einem ganz anderen Themenblock widmen, der komplementär zur Aktivität gesehen werden muss: der Erholung, den Pausen und der Regeneration.

Es ist eine Lehre, die ich aus dem Spitzensport mitgebracht habe: Bei allen Belastungen und Trainingsprogrammen ist es entscheidend, dass die Regeneration mitgedacht wird. Nur die optimale Belastungsdynamik, das kontrollierte Wechselspiel von Belastung und Erholung, macht einen aufbauenden Trainingseffekt erst möglich.

Das gilt natürlich genauso für den Amateursport – und für das tägliche Leben. Entscheidender Unterschied: Im Alltag steht den Einzelnen weder ein umfangreiches Team zur Verfügung noch eine große Zahl interpretierbarer Daten.

Das beginnt beim Schlaf (siehe dazu Kapitel 12). Es ist durchaus empfehlenswert, einmal ein Schlaflabor aufzusuchen, wo Verlauf und Qualität des eigenen Schlafs gemessen werden. Selbst Menschen, die das Gefühl haben, gut zu schlafen, stoßen dabei manchmal auf grobe Defizite, die behoben werden können, um den Schlaf erholsamer zu machen.

Bei uns haben schon Baldur Preiml und Willi Dungl die Bedeutung des Schlafs hochgehalten, unsere Betten auspendeln lassen und „Doppler" mit Wasser in den Schlafzimmern aufgestellt, um geheimnisvolle Störstrahlungen zu bannen. Auch wenn das manchmal durchaus die Grenze zur Esoterik überschritten hat, so zeigt es doch, für wie wirkungsvoll Erholung bereits gehalten wurde, als die Sportwissenschaften noch am Anfang standen – und wie sehr uns mangelnde Erholung auslaugen kann. Wäh-

ERHOLUNG

rend meiner Laufbahn beim ÖSV habe ich in der Summe etwa ein Dutzend immer wieder neuer und hochwirksamer „Schlafplatzentstörungs- und Energiematten" präsentiert bekommen. Die aus der Mode gekommenen verschwanden hingegen stillschweigend.

Ein Schlüssel zur aktiven Erholung ist unsere Atmung. Sie ist der einzige überlebensnotwendige physiologische Vorgang, der nicht nur vegetativ, also unterbewusst, gesteuert ist. Wir atmen zwar auch, wenn wir es vergessen. Zusätzlich können wir auf die Atmung Einfluss nehmen, indem wir sie bewusst wahrnehmen und akzentuieren. Daher stammt die Bezeichnung der Atmung als „Tor zum Unterbewusstsein".

Atmung, das haben wir bereits als junge Sportler gelernt, hilft einerseits, um sich zu aktivieren. Mit der richtigen Atemtechnik ist es möglich, sich aufzuladen, leistungsbereiter, entschlossener zu werden. Das druckvolle, scharfe Ausatmen und das schnelle, tiefe Einatmen: Das Bild ist dir sicher von vielen Athletinnen und Athleten vertraut, die du im Fernsehen vor dem Start beobachtet hast. Ihre akzentuierten, explosiven Atemzüge signalisieren dem Körper, dass es jetzt drauf ankommt, dass es um alles geht.

Offenbar wird durch das Aktivieren der Atmung nicht nur mehr Sauerstoff in den Kreislauf gepumpt, sondern auch der evolutionär tief in uns verwurzelte Reflex des Körpers zur Flucht- oder Kampfbereitschaft angesprochen. Das Ansteuern dieser Bereitschaft dient Spitzensportlerinnen dazu, die Leistung im Grenzbereich, die ihn ihnen steckt, auch entschlossen abrufen zu können. Bewusstes Atmen kann auch einen Akzent im Alltag setzen, so wie Hans Platzgumer, Schriftsteller und Komponist, es be-

ERHOLUNG

schreibt: „Ich höre die Reibung der Luft in meinen Atemwegen. Das Atmen ist nicht bloß direkter Kontakt zur Umwelt, sondern kann für den, der sich darauf konzentriert, eine aufregende, anregende, betörende Erfahrung sein (...). Atmen ist spannender als Fernsehen, als Streaming, als Binge-Watching."

Umgekehrt kann man sich durch bewusste langsame Atemzüge aber auch beruhigen. Die heute verfügbaren sensiblen EKGs stellen fest, dass beim verlängerten Ausatmen die Herzfrequenz und der Blutdruck sinken. Es lässt sich auch messen, dass der Ruhepuls in der Ausatmungsphase tiefer ist als beim Einatmen. Durch diese Erkenntnisse haben wir gelernt, etwas, das wir instinktiv eh schon gewusst haben, direkt für eine bessere Erholung anzuwenden.

Bewusste langsame Atmung steht im Zentrum der Meditation. Zehn Minuten Meditation können eine Stunde Schlaf ersetzen: Das war eine Lehre, die uns jungen Spitzensportlern mitgegeben wurde.

Inzwischen wissen wir zwar, dass mangelnder Tiefschlaf auch durch Meditation nicht aufgeholt werden kann. Unbenommen bleibt aber, dass wir mit geführter Meditation und bewusster Atmung tatsächlich sehr gute Erholungswerte erzielen.

Der große Vorteil dieser Methode: Man kann praktisch überall meditieren. Spitzensportler machen sich das natürlich zunutze. Ernst Vettori hatte zum Beispiel einen genauen Ablauf für die Pausen zwischen zwei Durchgängen einprogrammiert, um seine Nervosität besser zu steuern. Ernst war ein sensibler, hochbegabter Sportler, der unter besonderem Druck an so starker Anspannung litt, dass er Gefahr lief, zu früh in seinen optimalen Leistungszustand zu rutschen, nämlich lange, bevor der Wett-

Training ist wichtig.
Aber genauso wichtig ist
gute Erholung.

**Sobald du ausgeschlafen
an eine Aufgabe herangehst,
fällt sie dir automatisch leichter.**

Störungen werden besser
abgefedert.

**Wissen und Intuition
arbeiten stimmiger zusammen,
und du bleibst auch bei Rückschlägen zuversichtlicher.**

kampf begann. Das biologische Energiepulver war dann schon verschossen, bevor es in die Entscheidung ging.

Der noch so inbrünstig gefasste Vorsatz, sich beim nächsten Wettkampf richtig zusammenzureißen, hätte nicht geholfen. Mithilfe eines langfristig eingelernten, klar strukturierten Rituals aus Atmung, Meditation, Jogging etc. machte sich Ernst stabiler. Er schaffte es, sich nach dem ersten Durchgang in der Pause auf ritualisierte Weise zu erholen und beruhigen – um den nötigen Erregungszustand erst dann wieder aufzubauen, wenn dieser tatsächlich gebraucht wurde, nämlich unmittelbar vor dem Sprung.

Diese stark über die Atmung gesteuerte Regulation kann im Prinzip überall eingesetzt werden. Allerdings nur dann, wenn du sie rechtzeitig erlernt hast. Damit sie dir dann zur Verfügung steht, wenn du sie brauchst, musst du sie zur Gewohnheit machen und so intensiv einüben, bis sie zum Ritual geworden ist. Nur dann wird es dir unter Druck erstens einfallen und zweitens gelingen, die Atmung zu beobachten und sie bewusst zu deiner Beruhigung oder Aktivierung einzusetzen.

Atemmeditation ist für mich ein wichtiges Erholungsinstrument geworden und geblieben. Ich greife zum Beispiel auf die erlernte Technik zurück, wenn ich nachts erwache und eigentlich gerne weiterschlafen möchte. Ich atme dann vier Zählzeiten durch die Nase ein und acht durch den Mund aus – und zwar idealerweise so, dass ich die Luft in der Nase und auf der Oberlippe spüre. Statt an alle möglichen belastenden Tagesreste zu denken, versuche ich, meine Atmung zu beobachten, sie interessanter als all die aufdringlichen Gedanken zu finden. Ich mache das im sicheren Wissen, dass es mich beruhigen wird – und dann beruhigt es mich auch.

ERHOLUNG

Aus dem Spitzensport habe ich auch die Lehre mitgenommen, dass gute Erholung die Voraussetzung für Spitzenleistungen ist. Es ist zwar unwahrscheinlich, dass du so ausgeklügelte Trainingskonzepte verfolgen musst wie die Weltelite der Skispringer, die aus der Abfolge von grenzwertiger Belastung und vollständiger Erholung ihre Trainingseffekte schöpfen. Aber auch für die Bewältigung großer Herausforderungen im Beruf oder im Privatleben ist Erholung eine unverzichtbare Voraussetzung. Sobald du erholt an eine Aufgabe herangehst, fällt sie dir automatisch leichter und Störungen werden viel leichter abgefedert. Du gerätst nicht so leicht aus der Spur. Wissen und Intuition arbeiten stimmiger zusammen, und du bleibst auch bei vorübergehenden Rückschlägen zuversichtlicher. Es empfiehlt sich also nicht nur im Spitzensport, ausgeschlafen in knifflige Situationen zu gehen, um notfalls noch Energie zu haben, um ausbalancieren und nachsetzen zu können.

In meinem persönlichen Erholungsmix spielt der Dreiklang aus Mittagsschlaf, Meditation und Urlaub eine große Rolle. Urlaub, nur damit das klargestellt ist, bedeutet für mich die Freiheit von allen möglichen Pflichten – nicht aber von den Dingen, die ich mir zur Gewohnheit gemacht habe, zum Beispiel das regelmäßige Üben der „12 Tiroler".

Es ist genau umgekehrt. Gerade im Urlaub, wenn man ganz über die eigene Zeit verfügen kann und erholungsmäßig großzügige Schwerpunkte setzen sollte, ist es möglich, den Grundstein für gute Gewohnheiten zu legen. Die eine oder andere Übung mit echter Zuwendung zu machen. Spazieren oder laufen zu gehen. Eine Meditation zu versuchen.

ERHOLUNG

Der Urlaub ist eine Zeit, in der wir – durch den veränderten Kontext – kleine Veränderungen ausprobieren und im Ansatz zu Gewohnheiten ausprägen können, die wir idealerweise mit nach Hause nehmen und auch im Alltag weiter pflegen, bis wir nicht mehr ohne sie leben möchten. Gerade Gewohnheiten, die wir uns in Zeiten angewöhnen, in denen wir uns wohlgefühlt haben, rufen später positive Erinnerungen auf, die verstärkend wirken können. Patrick Koller, der mich bei der Entwicklung der „12 Tiroler" unterstützte, beschreibt, wie Hotelgäste im Sportresort Hohe Salve bei ihm die Übungen lernen und dann das Buch als Urlaubserinnerung und nachhaltige Motivation mit nach Hause nehmen.

So wie wir Erholung in kleinen täglichen Abläufen genießen sollten, braucht es natürlich auch den Blick auf den großen Zyklus. Wir müssen entscheiden, wie viel Urlaub wir brauchen, wie wir diesen Urlaub aufteilen und anlegen. Schließlich ist das Phäno-

Es ist besonders erholsam, Freundschaften zu pflegen. Wir Menschen brauchen andere Menschen. In deren Gegenwart blühen wir auf, fühlen uns verstanden und sind imstande, uns zutiefst zu erholen.

men, dass sich der erholsame Effekt eines Urlaubs oder einer Kur erst nach einer bestimmten Zeit einstellt, seit Langem wohlbekannt. Es braucht Abstand vom Beruf, Distanz zu dessen Herausforderungen. Erst wenn ich nicht mehr daran danke, was mich im Job alles beschäftigt und erwartet, kann auf einer tieferen Ebene eine Regulation entstehen: aus den Augen, aus dem Sinn. Die nächste Stufe, wie es die Band STS in ihrem Hit „Irgendwann bleib i dann dort" beschreibt, ist der Moment, wenn sich alles auf den Kopf stellt: „Nach zwei, drei Wochen hab i's g'spürt/I hab das Lebensg'fühl dort inhaliert/Die Gedanken drah'n si um/Was z'Haus wichtig war, is jetzt ganz dumm …" Wenn es irgendwie geht, sollte man diese Möglichkeit auf jeden Fall ausschöpfen.

Das ist nicht als Veto gegen einen Kurzurlaub zwischendurch zu verstehen. Ich stehe der Idee ein bisschen skeptisch gegenüber, nur einen großen Jahresurlaub zu planen und sich davon die ganz große Erholung zu versprechen. Es könnte durchaus sein, dass das Gewicht der hohen Erwartungen dann das Gegenteil bewirkt.

Stattdessen setze ich, auch was den Urlaub betrifft, auf die Idee des ganzjährigen Blendings. Ich bin ein Fan von kleineren Belohnungen und Anreizen im Wochenrhythmus, aber auch im Alltag. Ich will mich nicht nur auf den Urlaub in sechs Monaten freuen, sondern auf etwas, was mich heute Abend erwartet oder morgen in der Früh. Ich will mein Leben täglich ein bisschen zwischen Pflicht und Lebenskunst pulsieren spüren und mit dem Genuss nicht bis zur Pensionierung warten, und lebe daher in kleinen Mikrozyklen. Gehe Fliegenfischen, wenn das Wasser passt. Langlaufen, wenn die Sonne scheint, und im Sommer zum Schwimmen an jenen See, an den auch unser Beagle Theo mitdarf. Darin besteht sozusagen mein „Kontingenzvertrag" mit mir selbst: eine Vereinbarung, die mir für ein bestimmtes Verhalten die entsprechenden spontanen Belohnungen verspricht.

Bei mir sind diese Belohnungen praktisch immer mit Naturerlebnissen verbunden. Etwas in der Natur zu unternehmen, kalibriert uns täglich neu, wirft uns auf das zurück, was wir tatsächlich sind. Artgerechte Tätigkeiten in einem artgerechten Umfeld stehen ganz stark mit positiven Erlebnissen – und als Folge auch mit Erholung – in Zusammenhang. Wir dürfen nicht vergessen, dass wir Wesen der Natur sind, Organismen, die in der Natur geprägt wurden und ihr organisch angehören. In uns ist Natur und um uns herum auch. Sobald wir uns in der Natur bewegen, geschehen Dinge, die wir nicht mit unserem Willen regeln müssen und die uns nicht anstrengen. Mühelos und unwillkürlich korrespondiert unsere Biologie auf den unterschiedlichsten Ebenen mit der Natur.

Es tut unserem Wahrnehmungssystem zum Beispiel erwiesenermaßen gut, die unendlich vielen Schattierungen, Nuancen und Strukturen zu sehen, die in der Natur von der Farbe Grün geprägt werden. Genauso wichtig kann es sein, aus der Stadt hinaus aufs Land zu kommen und statt Großstadtgeräuschen wieder den Wind in den Blättern oder den Gesang der Vögel zu hören. „Waldbaden", das ist eine Kalibrierung unseres Menschseins.

Es muss nicht einmal sein, dass uns sofort der ganze Druck des Alltags wie ein Stein von der Brust fällt: Die ungewohnte Ruhe kann sich am Anfang durchaus auch beklemmend anfühlen. Aber bald setzt dieser wohltuende und erholsame Effekt ein, und wir nehmen die Natur um uns herum als selbstverständlich und, ja, als natürlich wahr.

ERHOLUNG

Dazu kommt ein weiterer Aspekt: Natürlich zu leben, bedeutet, in Bewegung zu sein – und nur zwischendurch genussvoll zu sitzen. In den Bergen zum Beispiel werden wir alle paar Meter mit neuen Perspektiven auf die Welt, aber auch auf uns selbst belohnt. Wir gehen, regelmäßig atmend, befinden uns in Balance mit einer Vielzahl unserer Wahrnehmungen. Es ist unvermeidlich, dass dabei auch Prozesse in Gang kommen, die erholsam und regulierend sind.

Die deutsche Philosophin Natalie Knapp schreibt, dass wir dazu neigen, unsere bewusst wahrgenommene Realität, also die Summe dessen, was wir beobachten und reflektieren, zu überschätzen. Dabei ist die Wirklichkeit unendlich vielschichtiger. Allein die Luft, in der wir uns bewegen und die wir atmen, sendet uns so viele Botschaften und Regulierungen, die wir bewusst gar nicht begreifen können – und dennoch wahrnehmen, weil unser Körper und unsere Psyche ständig mit der Natur korrespondieren, Fragen stellen, Antworten geben, Adaptionen herstellen, bis hinunter auf die Ebene der Zellen.

Die Komplexität dieser Kommunikation ist wundersam, faszinierend – und wohltuend. Sie lehrt uns, dass wir nicht allein aus unserem Kopf bestehen, aus unserem Bewusstsein und aus unserem Willen. Wir sind mehr, auch wenn wir das offenbar allmählich zu vergessen beginnen.

Auch der Vorsatz, sich mehr um unseren Freundeskreis zu kümmern, Freundschaften besser zu pflegen und nicht nur die Arbeit in den Vordergrund zu stellen, könnte zu spät kommen, wenn wir glauben, damit bis zur Pensionierung warten zu können. Der Zug könnte dann nämlich abgefahren sein.

ERHOLUNG

Wie passt dieser Gedanke in ein Kapitel über Erholung? Ganz einfach, weil es Teil der menschlichen Natur und unserer unstillbaren Bedürfnisse ist, dazuzugehören. Wir Menschen brauchen andere Menschen, Freunde, denen wir vertrauen können, die wir von Herzen mögen, die uns ähnliche Gefühle entgegenbringen, die uns blind verstehen und auch gelegentlich ehrlich die Meinung sagen dürfen, mit denen wir herzhaft über uns selbst lachen können. In deren Gegenwart blühen wir auf, fühlen uns in unserem Wesen verstanden und akzeptiert und sind imstande, wirklich loszulassen. In diesem geschützten Raum, den wir uns gegenseitig schenken, können wir uns – endlich im Kern akzeptiert und verstanden – zutiefst erholen.

Zum Schatz der Erholung möchte ich noch ein ganz einfaches Beispiel geben. Ich kann ohne Weiteres in meinem Kopf beschließen, besser balancieren zu lernen. Ich kann eine Slackline spannen oder einen Balken in Position bringen und stundenlang versuchen, im Gleichgewicht zu bleiben. Es wird aber nicht gelingen, selbst wenn ich mit großer Willenskraft, Konzentration, Anstrengung und Beharrlichkeit vorgehe. Gut Ding will eben dasselbe wie ein guter Vorsatz: Weile haben.

Der gute Vorsatz ist ohne Zeit, Erholungs- oder Wachstumsphasen nicht umzusetzen. Die vielschichtigen Nachwirkungsprozesse des Übens und Trainierens brauchen Zeit. Nicht nur unsere Bereitschaft, uns anzustrengen, muss sich erholen können, auch unser Muskelapparat und das Herz-Kreislauf-System. Besonders wichtig ist die Erholung auf Ebenen, auf die unser Bewusstsein keinen Zugriff hat. „Ohne absolute innere Ruhe kann kein Mensch wissen, was er selber wirklich will. Sein Selbst kann

Mein Erholungsgeheimnis:
der Dreiklang aus Mittagsschlaf,
Meditation und Urlaub.

**Urlaub,
nur damit das klargestellt ist,
bedeutet für mich Freiheit
von allen möglichen Pflichten
– nicht aber von den Dingen,
die ich mir zur guten Gewohnheit
gemacht habe.**

Zum Beispiel das regelmäßige
Üben meiner „12 Tiroler".

dann nicht arbeiten", erklärt Maja Storch, Co-Autorin von „Die Mañana-Kompetenz". Sobald sich diese innere Ruhe durch Erholung eingestellt hat, zum Beispiel am Tag nach einer geruhsamen Nacht, geht wie von Zauberhand vieles leichter. Die Erholung trägt dazu bei, dass sich in unserem System etwas reguliert. So ist das mit der Natur. Wir sind Teil dieses Mysteriums. Unser Bewusstsein hat nicht auf alles Zugriff.

Deshalb denke ich auch, dass Erholung, Regeneration und Bewegung besonders gut im Freundeskreis und in der Natur stattfinden können. Vielleicht auf Wanderungen, wo es nach einer gewissen Zeit nicht mehr nötig ist zu reden, weil man so tief in die Natur einsinkt, dass es keine Worte mehr braucht. Oder beim Anblick eines Gartens, der täglich sein Erscheinungsbild verändert, dessen Entwicklungsphasen und Jahreszeiten uns den ständigen Wandel und die unbändige Virtuosität des Lebens vor Augen führen. Vielleicht beim Betrachten des fallenden Schnees, der die Landschaft und uns selbst beruhigt, oder beim Aufspringen der Blüten am Apfelbaum vor dem Fenster, das uns auf eine Weise berührt, die wir gar nicht erklären können.

Dass uns die Natur berührt, mit kostbaren Emotionen flutet, können wir uns nicht ausdenken, können wir nicht konstruieren. Es geschieht. Und es inspiriert uns dazu, Dinge geschehen zu lassen, unsere Gewohnheiten darauf abzustimmen, vom Kreislauf der Natur zu lernen, wie wir rasten, um wieder anpacken zu können – und umgekehrt.

ERHOLUNG

Einatmen, ausatmen

Nimm dir jeden Tag einige Minuten Zeit und erlerne diese simple Atemmeditation

- Such dir einen Platz, an dem du ungestört bist und dich wohlfühlst.
- Setze dich aufrecht hin und schließe deine Augen.
- Atme nun durch die Nase ein und zähle dabei langsam bis vier.
- Atme langsam und vollständig durch den ganz leicht geöffneten Mund aus und zähle dabei bis acht.
- Fixiere beim Ausatmen mit geschlossenen Augen einen imaginären Punkt vorne zwischen deinen Augen.
- Lenke deine Gedanken auf die Atmung und beobachte sie, ohne sie in irgendeiner Weise zu werten.
- Wiederhole diesen Atemzyklus dreimal.

Am besten wiederholst du diese Atemübung mehrmals täglich und knüpfst sie an eine Tätigkeit, die du jeden Tag durchführst – zum Beispiel an die Tasse Tee am Morgen und am Abend. Gib dir einen Zeitraum von fünf Wochen, um diese Atemmeditation zu einem Teil deines Tages werden zu lassen.

Wenn du magst, kannst du diese Übung auch auf mehrere Minuten ausdehnen.

Ich mache die Atemmeditation immer dann, wenn ich:

....

....

So viele Tage übe ich die Atemmeditation bereits:

KAPITEL 8

ISS AUFMERKSAM!

Wie wir aus gesunder Ernährung eine gute Gewohnheit machen und wie Teile der Lebensmittelindustrie versuchen, uns daran zu hindern

ERNÄHRUNG

Wenn es um gute Vorsätze geht, ist die Küche wahrscheinlich nicht weit. Besonders viele Menschen bemühen sich darum, entweder abzunehmen oder seltener – so wie ich – zuzunehmen. Mir ist schon bewusst, dass die Summe derer, die ein paar Kilo verlieren wollen, weit höher ist als jene, die um jedes zusätzliche Kilo Muskelgewicht kämpfen. Mir geht es nämlich darum, dass meine Körperkomposition bleibt, wie sie ist. Dass ich nicht zu viel Fett ansetze und wenig Muskelmasse verliere.

Dafür unternehme ich bewegungsmäßig einiges, vielleicht auch manchmal zu viel. Aber natürlich beschäftigt mich auch die Frage, wie ich diese Entwicklung durch meine Ernährung unterstützen kann.

Diese Frage hat in meiner Sportart eine große Tradition. Figuren wie Baldur Preiml und Willi Dungl waren ihrer Zeit weit voraus und beschäftigten sich schon in den Siebzigerjahren mit Themen wie Vollwerternährung, Industriezucker und guten Eiweißquellen. Mit kritischem konstruktivem Denken versuchten sie, uns Halbwüchsige auf den Weg einer bewussten, ausgewogenen Ernährung zu bringen.

Wobei ich einflechten muss, dass Willi Dungl, der später direkt zum Ernährungspapst aufstieg, am Anfang von Baldur überzeugt werden musste. Als er zu uns stieß, nahm er Baldur noch an der Jacke und rüttelte ihn, weil er überzeugt davon war, dass wir alle keine Reserven haben, wenn wir nicht genug Fleisch essen. Er selbst aß damals am liebsten Wiener Schnitzel und trank ein, zwei Bier dazu.

Baldur musste also zuerst Willi Dungl bekehren, was ihm im Handumdrehen gelang. Willi war ja als Masseur und Tausendsassa zu uns gekommen, er hatte Humor, Spontanität und ein sensationelles Gefühl für die Muskeln und Seelen von uns Springern. Aber seine Ernährungsgewohnheiten waren abenteuerlich, und ein starker Raucher war er noch dazu – er erzählte uns immer, dass er längst damit aufhören wolle, aber nicht könne, weil er Testraucher sei: Er rauche im Auftrag der Wissenschaft. An seinem Beispiel werde untersucht, wie Rauchen auf den Körper wirke. Aber dann wurde er vom Saulus zum Paulus.

Ich kam sozusagen direkt aus dem Gasthaus auf dem Sonderdach in die Nationalmannschaft. Ich war stolz auf unseren Apfelstrudel, dessen Teig ausgezogen wurde, wenn wir fünf Kinder am Tisch saßen. Dann kamen Rosinen, Nüsse, Brösel und Apfelspalten dazu – und natürlich jede Menge raffinierter Zucker. Mir leuchtete auch nach den zuckerkritischen Ausführungen von Baldur und Willi überhaupt nicht ein, warum ein hausgemachter Strudel aus heimischen Äpfeln, der so fantastisch riecht, nicht total gesund sein sollte. Ich wurde richtig böse, als mir Baldur erklärte, dass ich in Zukunft auf den Apfelstrudel verzichten sollte, auch wenn ihn die Mutter persönlich machte.

Baldur Preimls Einflüsse waren die deutschen Ernährungsexperten Max Otto Bruker und Johann Georg Schnitzer, die sich mit den Vorzügen der Vollwertkost auseinandergesetzt hatten und auch darauf hinwiesen, dass man Gemüse nicht zu Tode kochen sollte. Ihre wichtigste Botschaft aber war, unbedingt Industriezucker und Weißmehl vom Speiseplan zu streichen.

Mich hat das erst überzeugt, nachdem mir Baldur erklärt hatte, dass meine Zahnprobleme damit zusammenhingen: Raffinierter Zucker und Weißmehl entziehen dem Stoffwechsel genau die Elemente, die der Körper eigentlich für den Zahnaufbau bräuchte.

Dein persönlicher Geschmack
ist nicht allein dafür verantwortlich,
was du am liebsten isst
und trinkst.

Einen viel größeren Einfluss auf deine Lieblingsspeisen haben deine Gewohnheiten – und natürlich die gezielten Manipulationsversuche der Werbung, die uns weismachen will, wie hip, sexy und zuträglich minderwertige Junk-Produkte sind.

Warum?
Weil die Branchenriesen
der Nahrungsmittelindustrie damit
am meisten verdienen.

ERNÄHRUNG

Wiederkehrende Zahnprobleme haben dazu geführt, dass ich damals begonnen habe, mich sehr bewusst zu ernähren. Ich wollte mehr über das Thema wissen und habe mich mit unterschiedlicher Fachliteratur beschäftigt und eingelesen, um ein paar Zusammenhänge besser zu verstehen. Ich muss mich den Themen seit jeher verstandesmäßig annähern, um meine Entscheidungen dann auf einer soliden Basis zu treffen.

Die bewusste Wahl wertvoller Lebensmittel wurde dann von einer quasi-therapeutischen Maßnahme zu einem fixen Bestandteil meines Lebens: Aus Einsicht wurde ein Vorsatz, allmählich entwickelte sich daraus ein neues Verhalten und schließlich eine gute, leichtläufige Gewohnheit. Das gesunde Essen begann mir zu schmecken. Wenn ich einen Honigzopf bekam, der nicht mit Weißmehl, sondern mit Dinkelmehl gemacht war, konnte ich mich doppelt daran freuen, weil er nicht nur schmeckte, sondern weil auch langfristig keine schädigenden Nebenwirkungen zu erwarten waren.

Die Ernährungsumstellung von Baldur zielte darauf, dass wir gesundheitlich besser beinander sein und uns besser konzentrieren können sollten. Das Training sollte seiner Meinung nach mit dieser Ernährung insgesamt besser anschlagen. Wirklich nachweisbar und messbar war allerdings der ursprünglich nicht anvisierte, aber willkommene Nebeneffekt, dass wir alle leichter wurden – und leicht fliegt nun mal besser.

Im Sport ist jede Facette, die dir dabei hilft, bessere Leistungen zu bringen, ein Trumpf. Wir entdeckten mit dem geringeren Gewicht etwas, wonach wir gar nicht gezielt gesucht hatten. *Serendipität* (siehe Kapitel 1, Horngacher mit deutschen Skiern!), wieder einmal.

ERNÄHRUNG

So wurde ich früh darauf gestoßen, wie stark Ernährung und Ernährungsgewohnheiten nicht nur mit Geschmack, sondern auch mit Familientraditionen sowie anderen kulturellen und emotionalen Faktoren zusammenhängen. Was du isst, ist schließlich auch Ausdruck deiner Identität.

Dazu kommen die Fragen, wie man isst, wie schnell man isst, wie viel man isst – alles geprägt und überlagert von unterschiedlichen Einflüssen. Damals wie heute saßen wir dem Irrglauben auf, dass man sich nach persönlichem Gusto und auf der Basis eigener Überlegungen für sein Essen entscheidet. Zu machtvoll sind unsere Konventionen und Gewohnheiten – und natürlich die Informationsflüsse der Werbung, die uns ohne jede Kontrolle verklickern darf, wie hip, sexy und zuträglich minderwertige Junk-Produkte sind. Warum? Weil die Branchenriesen damit am meisten verdienen und versuchen, uns daran zu gewöhnen, mehr noch, uns davon abhängig zu machen.

Beim Schwimmen gegen diesen starken Strom, gegen den Sog der Gesellschaft, ist eine nachhaltige Prägung oder Veränderung der eigenen Ernährungsgewohnheiten eine Mammutaufgabe, selbst – oder gerade – in der Familie. Da braucht es nicht nur solides Wissen, sondern – als Trägerrakete für diesen Vorsatz – auch viel Geduld, Liebe und Fantasie.

Auch das Sozialleben trägt seinen Teil dazu bei, die Umstellung so schwierig wie möglich zu machen. Du weißt sicherlich bereits, dass du am Abend nicht zu ausführlich essen solltest. Aber wenn du von Freunden oder Bekannten zum Abendessen eingeladen wirst, ist es schon ein bisschen schwierig zu sagen: »Leute, können wir uns bitte schon um 17 Uhr treffen? Ich habe mir näm-

ERNÄHRUNG

lich angewöhnt, früher zu essen.« Man schaut dann oftmals in ziemlich erstaunte Gesichter, denn um diese Zeit sind die meisten Leute noch in der Arbeit oder gerade auf dem Heimweg.

Was also tun? Selbst der strenge Baldur Preiml hat im reiferen Alter (sogar sich selbst) zugestanden, dass es Ausnahmen von der Regel geben muss, dass es keinen Sinn hat, päpstlicher als der Papst sein zu wollen.

Ich finde, dass Baldur die Kurve rechtzeitig gekriegt hat. In einem balancierten Leben, das eine klar definierte Grundlinie hat, muss Platz dafür sein, hier und da, quasi zur Abhärtung, Belohnung und Probe von dieser Grundlinie abzuweichen. Auch wenn gesunde Ernährung großgeschrieben wird, soll es möglich sein, mal ein Eis zu essen oder einen Apfelstrudel (auch wenn kaum einer so gut ist wie der von meiner Mutter oder meiner Schwester Berghild).

> **Regelmäßiges Essen ist die beste Voraussetzung für ein gesundes Leben. Aber was, wenn dir das nicht immer möglich ist?**
> Kein Problem.
> Es kann durchaus Ausnahmen von der Regel geben – solange die Regeln im Alltag gelten.

ERNÄHRUNG

Diese Ausnahmen erfüllen einen zusätzlichen Zweck: Sie helfen uns, einen vernünftigen Umgang mit Genussmitteln zu erlernen. Genuss sollte ja keinesfalls einen negativen Beigeschmack bekommen – aber auch nicht zum einzigen Lebensinhalt werden. In der richtigen Balance sah schon Epikur im alten Griechenland das, was ich »Lebenskunst« nennen würde.

Bei uns kommt auch Fleisch auf den Tisch. Nicht sehr oft, denn wir wissen gerne, woher es stammt. Meine Assistentin Sonja beliefert uns vom eigenen Bauernhof in Ampass. Da weiß ich, was ich bekomme. Noch direkter ist der Bezug bei der selbst gefangenen Forelle aus der Sillschlucht oder der Bregenzerache: fangen, entnehmen, selbstverständlich auch töten, ausnehmen, weiterverarbeiten und dankbar genießen. Das sind uralte Praktiken, die ich gerne und mit Andacht lebe. Ich denke, ein solcher Prozess macht etwas mit uns und mit unserer Beziehung zum Essen.

Es kann sehr schwierig sein, gute und kluge Ernährungsgewohnheiten zu etablieren. Mir ist bewusst, dass Übergewicht sehr viele Ursachen haben kann. Daher liegt es mir auch fern, mit dem Finger auf übergewichtige Menschen zu zeigen und ihnen mangelnde Willenskraft oder fehlende Charakterstärke zu unterstellen.

Sobald der Körper eine gewisse Masse erreicht hat, kann er biologisch gar nicht anders, als mehr Nahrung zu fordern. Das macht die Rückkehr zu einer maßvollen Ernährung für Menschen mit erhöhtem Körpergewicht unendlich viel schwerer als für alle, die im Normbereich unterwegs sind. Ich habe größten Respekt davor, wenn es stark übergewichtigen Menschen gelingt, sich in den Normalbereich zurückzukämpfen und stabile gesunde Essgewohnheiten zu etablieren. Das ist Leistungssport.

ERNÄHRUNG

Die Methoden, wie das gelingen kann, ähneln jenen, die wir bereits in den vorhergegangenen Kapiteln besprochen haben:

- Es ist sinnvoll, das Problem nicht allein, sondern gemeinsam mit anderen Motivierten anzugehen (siehe dazu Kapitel 2).
- Es ist sinnvoll, sich professionelle Hilfe (siehe dazu Kapitel 4) zu suchen.
- Es ist sinnvoll, sich Einsicht in die Zusammenhänge zu verschaffen, welche Auswirkungen welche Lebensmittel und welche Ernährungsmuster auf den eigenen Organismus haben.
- Es ist sinnvoll, dieses Wissen dafür zu nutzen, um zwischen den von der Industrie suggerierten Emotionen und der Realität zu unterscheiden.
- Es ist sinnvoll, in kleinen Schritten für mehr Bewegung (siehe dazu Kapitel 6) und damit für mehr Kalorienverbrennung zu sorgen und so mit der Zeit ins Gleichgewicht zu kommen.
- Und es ist sinnvoll, sich an kleinen Fortschritten – die müssen nicht immer in Kilogramm messbar sein – zu freuen und sich zu dafür zu belohnen (siehe dazu Kapitel 7).

Beim vorvorletzten Punkt möchte ich noch einmal einhaken. Denn ich finde, dass wir als Gesellschaft im Umgang mit der Lebensmittelindustrie falsche Schwerpunkte setzen. Abgesehen von ganz wenigen Ausnahmen dürfen langfristig ungesunde, abhängig machende Lebensmittel nach allen Regeln der Kunst beworben und unter die Leute gebracht werden. Der wirtschaftliche Erfolg der Unternehmen scheint ein höherer Wert zu sein als die Gesundheit ihrer Kundinnen und Kunden sowie ihrer Kinder, die

die viel zu süßen, viel zu fetten, nährstoffarmen und nachweislich gesundheitsschädlichen Lebensmittel kaufen und verzehren – mit gewaltig belastenden Auswirkungen auf die Volksgesundheit, unsere Gesundheitspolitik und letztlich auch auf unsere Volkswirtschaft. Die bekanntesten davon sind Adipositas und Diabetes. Denn während Lobbyisten dafür sorgen, dass Multis weiter ihre Gewinne einstreichen, müssen Staat und Sozialversicherungen, also letztlich wir alle, die gesundheitspolitischen Kosten tragen. Ich wünsche mir in diesen Fragen eine mutigere, vorausschauendere politische Lenkung, ganz egal, wie die im Detail aussieht.

Es ist bekannt, dass gute, ausgewogene Ernährung heute nicht nur mit Wohlstand, sondern auch mit Bildung zusammenhängt. Wer besser verdient und ein höheres Bildungsniveau hat, weiß sich in der Regel gesünder zu ernähren.

Natürlich spielt auch eine Rolle, welche Ernährungskultur in der Familie praktiziert und weitergegeben wird. Es war, darüber müssen wir uns klar sein, früher einfacher, sich auch mit einem kleinem Haushaltsbudget anständig zu ernähren. Unter anderem deshalb, weil man beim Einkaufen früher weniger Fehler machen konnte als heute.

In den Supermärkten wird das Angebot an vorgefertigtem Convenience Food immer größer. Es lockt uns damit, dass wir keine Zeit mehr dabei verlieren, selbst zu kochen – und liefert uns dafür billig hergestellte Industrieware voller verstecktem Zucker, voller versteckter schlechter Fette, Konservierungsstoffe und gezielt platzierter Appetitmacher. Je mehr davon man isst, desto eher wird es zuerst zur Gewohnheit, dann schleichend zur

Das Abnehmen folgt
vor allem einem wichtigen Gesetz:
dem der Physik.

**Du darfst nicht mehr
zu dir nehmen, als du verbrauchst.
Logische Schlussfolgerung:
Du kannst umso mehr essen,
je mehr du dich bewegst.**

Dieser Zusammenhang kann
die Grundlage für einen gesunden,
aktiven Lebensrhythmus bilden.

**Dazu braucht es aber
eine genaue Feinabstimmung.**

ERNÄHRUNG

Abhängigkeit. In vielen amerikanischen Haushalten gibt es keine Küchen mehr, dafür eine Mikrowelle und Bildschirme in Schaufenstergröße, vor denen die aufgewärmten Fertigmahlzeiten dann verzehrt werden.

Zum Glück wurden inzwischen eine große Zahl von Dokumentationen gezeigt und eine Menge Bücher veröffentlicht, die sich mit diesen Themen beschäftigen und um Aufklärung bemüht sind. Was sie aufdecken, ist erschreckend. Ich empfehle jeder und jedem von euch, genauer hinzusehen, euch damit zu beschäftigen und die richtigen Schlüsse daraus zu ziehen. Auch unseren Gesundheitspolitikerinnen und -politikern. Sie sollten mit einer klugen Besteuerung nachweislich ungesunder Lebensmittel intelligente Lenkungsmaßnahmen setzen. In England gibt es bereits eine Zuckersteuer, die allerdings mit nicht weniger fragwürdigen und bedenklichen Zero-Produkten und Zuckerersatzstoffen umschifft wird.

Ich selbst experimentiere beim Einkaufen mit diversen Apps, um auf dem Smartphone in Echtzeit Informationen über die Qualität und Beschaffenheit der Inhaltsstoffe von Supermarkt-Lebensmitteln zu bekommen. Auch das ist eine Möglichkeit, um nicht, verführt von Werbung, einer gut geölten PR-Maschinerie und allen möglichen Sonderangeboten, in ungute Ernährungsmuster zu schlittern. Ehrlich gesagt ist in unserem Haushalt meine Frau Marlene die wirkliche Expertin für bewussten und informierten Einkauf und die Zubereitung der Mahlzeiten. Ihr Know-how und umsichtiges Agieren verhindern seit Jahren, dass wir uns plötzlich übergewichtig und gesundheitlich angeschlagen in der Situation wiederfinden, alles anders machen zu müssen, weil es der Arzt verschreibt.

ERNÄHRUNG

Ich darf an dieser Stelle erwähnen, dass ich selbst an einer Firma beteiligt bin, die Erfrischungsgetränke produziert. Die Firma Bodengraf GmbH stellt unter dem Namen IXSO (www.ixso.eu) biologische Alternativen zu Softdrinks her. Die Basis dieses Zaubertranks ist fermentiertes Gerstengras. Das Erstaunlichste für viele Tester ist, dass unsere Getränke, die ohne künstlichen Zucker und ohne Derivate auskommen, großartig schmecken.

In Gesprächen mit dem Mediziner Dr. Friedrich Hoppichler, der sich mit dem Thema Zucker professionell beschäftigt und große Vertriebssysteme mit dem Ziel der Zuckerreduzierung berät, habe ich begriffen, dass vor allem zwei Maßnahmen notwendig wären, um gesellschaftliche Veränderungen einzuleiten: Erstens eine Kennzeichnungspflicht für den Zuckergehalt von Lebensmitteln. Zweitens eine richtig bemessene Zuckersteuer, die es für die Unternehmen weniger profitabel machen würde, ihre Lebensmittel mit raffiniertem Zucker zu süßen.

Natürlich ist es damit allein nicht getan, denn die Wirkung von Zuckerersatzstoffen und Zuckerderivaten, die dann vermehrt zum Einsatz kämen, auf den menschlichen Organismus ist noch viel zu wenig erforscht. Es besteht der Verdacht, dass sie mindestens so schädlich sind wie Zucker, wenn nicht noch schädlicher. Die richtige, weil nachhaltige Lösung muss also in die Richtung gehen, Lebensmittel generell weniger süß zu machen. Das ist eine Herkules-Aufgabe, aber meiner Meinung nach in Zukunft unvermeidlich.

Zum Abschluss dieses Kapitels möchte ich noch kurz auf etwas Altbekanntes hinweisen, nämlich auf die Physik des Abnehmens.

Achte genau darauf,
was du isst!

**Denn Kalorien sind
nicht gleich Kalorien.**

Enthält deine Nahrung
zu viel Fett und Zucker,
dann nimmst du zu,
selbst wenn du Sport treibst.

ERNÄHRUNG

Die entsprechende Grundregel lautet: Man darf nicht mehr zu sich nehmen (inklusive Bier und Wein), als man verbraucht.

Wenn wir diesem Zusammenhang nachgehen, ergibt sich die logische Schlussfolgerung, dass wir desto mehr essen können, je mehr wir uns bewegen. Dieser Zusammenhang ist wichtig, da er die Grundlage dafür sein kann, einen gesunden, lebendigen Lebensrhythmus zu entwickeln.

Das klingt einfach, bedarf aber einer guten, aufmerksamen Feinabstimmung. Das sieht man am Beispiel von Ex-Aktiven, die in ihren jeweiligen Sportarten enorm viel verbrannt und entsprechende Essgewohnheiten etabliert haben. Sobald sie ihre aktive Karriere beenden, stehen sie dann plötzlich vor der Situation, dass sie daran gewöhnt sind, viel und oft zu essen. Aber plötzlich fehlen Training und Wettkämpfe, vielleicht auch die Qualität der Ernährung, und sie wachsen in die Breite. Sie essen wie die Drescher, dreschen aber nicht mehr. Sie müssen dann sehr bewusst und konzentriert daran arbeiten, ihre liebgewonnenen Essgewohnheiten zu verändern und den neuen Umsatzverhältnissen anzupassen. Bei vielen Ausdauersportlern gelingt das sehr gut. Bei ihnen ist die regelmäßige Bewegung tief verankert, sie gehört zu ihrem Leben. Deshalb gibt es auch nur wenige Ausdauersportler, die nach ihrer Karriere zunehmen und aus der Form geraten. Das gilt grosso modo auch für uns Skispringer, wobei Ausnahmen die Regel bestätigen. Bei anderen Sportarten, zum Beispiel beim Fußball, scheint mir das gelegentlich anders zu sein.

Denn wie fast überall in diesem heiklen Kapitel sitzt der Teufel im Detail. Wenn wir also sagen, wir lieben den Genuss und schaufeln alles, was uns schmeckt, in uns hinein, dann helfen uns möglicherweise nicht einmal der tägliche Ausflug ins Fitnessstudio und die intensivsten Intervallläufe.

Denn Kalorien sind nicht einfach Kalorien, und wenn die Ernährung zu viel Fett und Zucker enthält – eine Mischung, die in der Natur in freier Wildbahn in dieser Kombination eigentlich gar nicht vorkommt –, dann reicht auch ein ausgeklügeltes Trainingsprogramm nicht mehr, um die negativen Auswirkungen zu neutralisieren. Also Augen auf beim Zusammenstellen der Mahlzeiten – und Hände weg von Produkten aus industrieller Produktion!

ERNÄHRUNG

Kleine Bissen, große Wirkung
Checkliste für gesünderes Essen und Trinken

Verzichte probeweise eine Woche lang weitgehend auf Weißmehl und auf raffinierten Zucker. (Fülle die Kästchen viertel, halb, dreiviertel oder ganz aus, je nachdem, wie gut es dir gelungen ist.)

1 Woche ohne Weißmehl

1 Woche ohne Zucker

Wiederhole das Ganze, diesmal für vier Wochen.

4 Wochen ohne Weißmehl

4 Wochen ohne Zucker

Überprüfe auf der Website sipcan.at der „Initiative für gesundes Leben", in welchen Lebensmitteln, die du regelmäßig konsumierst, versteckter Zucker enthalten ist.

überprüft

Reduziere deinen Fleischkonsum auf maximal 3-mal Fleisch oder Fisch pro Woche. Halte diese Änderung 8 Wochen lang durch.

Woche 1	Woche 5
Woche 2	Woche 6
Woche 3	Woche 7
Woche 4	Woche 8

Halte dich an die vier folgenden simplen Regeln. Sie erhöhen den Genuss und machen das Essen bekömmlicher.

- Nicht im Gehen essen
- Keine Handys am Tisch
- Abendessen vor 19 Uhr beenden
- Jeden Bissen 25-mal kauen

Und halte dich generell an die Devise des amerikanischen Journalisten und Uniprofessors Michael Pollan, der u. a. die schädlichen Auswirkungen von Fertignahrung und Fastfood untersucht hat:

Iss nichts, was deine Großmutter nicht als Essen erkannt hätte.

KAPITEL 9

SCHAFFE RITUALE!

Wie Alltagsrituale für Struktur sorgen und alltägliche Verrichtungen uns auf größere Aufgaben vorbereiten

ALLTAG

Wenn ich mich an meine Zeit als Spitzensportler erinnere, fällt mir die umfassende Betreuung ein, die ich schon in den Siebzigerjahren erfuhr. Als junger, erfolgversprechender Athlet hast du einen Stab von Menschen um dich herum, die dir alles abnehmen, was dich in deiner Konzentration auf den Wettkampf stören könnte. Ein Blick auf den Betreuerstab von Stars wie Mikaela Shiffrin oder Marcel Hirscher zeigt, dass es an der Weltspitze eher mehr als weniger Betreuerinnen und Betreuer geworden sind. Jede und jeder von ihnen erfüllt eine spezifische Aufgabe, und ihre Zahl kann offenbar gar nicht hoch genug sein.

Dieses Phänomen – die Entkoppelung der eigenen Spezialleistung von den sogenannten alltäglichen Aufgaben – ist übrigens nicht nur im Sport zu beobachten, sondern auch in der Wirtschaft, der Politik, im Showbusiness. Wer große, übergeordnete Spezial-Aufgaben zu erfüllen hat, der soll sich um die Belanglosigkeiten des Alltags nicht mehr kümmern müssen. Robert Blys Märchen vom »Eisenhans« beschreibt den Überflieger, der über allem schwebt – und die Wirklichkeit weit unter sich lässt. Da passt die Idee, ein Zugticket zu buchen, Menschen zurückzurufen, den Abwasch zu erledigen oder das Bad zu putzen, nicht mehr ins Bild.

Natürlich birgt die Abschirmung der Athletinnen und Athleten, der Konzernlenker und Managerinnen, der Popstars und Filmdiven vom Alltag eine Gefahr: Sobald sie nicht mehr aktiv sind (oder der Erfolg ausbleibt), machen sie plötzlich auf brutale Weise Bekanntschaft mit der Realität und sind von ihren alltäglichen Verpflichtungen hoffnungslos überfordert. Niemand fragt mehr, ob du eh deine Dehnübungen gemacht hast, niemand bucht deine Flüge, niemand räumt dein Zimmer auf. Die Or-

Das Runtertragen des Mülleimers ist eine Art Aufwärmen für größere Aufgaben.

Wir haben im Alltag viel zu tun. Müssen den Müll trennen. Die Vorratskammer auffüllen. Den Kleiderkasten aufräumen.

Diese Tätigkeiten sind wertvoll, denn sie triggern in deinem Gehirn ähnliche Bereiche wie das intensive Aufwärmen im Hirn eines Sportlers.

ganisation und Bewältigung des Alltags wachsen dir schneller über den Kopf, als du dir hättest vorstellen können.

Dabei kann uns gerade eine aufmerksame Erledigung der täglichen Pflichten dabei helfen, in unserem Leben Strukturen zu schaffen – Strukturen, die zu Grundlagen, zum Mutmacher für die Erfüllung größerer Aufgaben werden.

Sobald ich mich den Pflichten des Alltags widme, den Müll trenne, den vollen Mülleimer hinuntertrage, meine Schuhe putze, die Vorratskammer auffülle, den Kleiderkasten aufräume, triggert das in meinem Gehirn ähnliche Bereiche wie das Aufwärmen vor einem Training im Hirn eines Sportlers. Es verlangt vermutlich eine kleine Überwindung und Anfangsenergie, aber es setzt einen Prozess in Gang.

Der Sportler weiß in diesem Moment, dass er größere Trainingsblöcke vor sich hat, die anstrengend werden, vielleicht wehtun – und vor denen er deshalb ein wenig Scheu hat. Er kennt aber auch die Zusammenhänge. Er tastet sich mit kleineren Aufgaben an die großen heran. Die Trainingseffekte werden noch ein bisschen auf sich warten lassen. Aber die Grundlagen müssen geschaffen werden.

Das Erledigen alltäglicher Aufgaben ist eine Art Probedurchgang dafür, sich größeren Aufgaben zu nähern. Auch bei den kleinen Dingen des Alltags müssen Widerstände überwunden werden, Herausforderungen, die bei größeren Veränderungen, die man sich vornimmt, entsprechend größer und komplexer werden.

Im Sport gibt es das methodische Herantasten von leichteren an schwierigere Aufgaben – bis hin zu den komplexen Anforderungen, die der Spitzensport unter Wettkampfbedingungen stellt.

ALLTAG

Ein wichtiger Bestandteil des erfolgreichen Herantastens ist das Gefühl der Selbstwirksamkeit. Selbstwirksamkeits-Überzeugung bedeutet, Aufgaben so selbstverständlich einzuschätzen und zu beherrschen, dass ich neue, größere und komplexere Aufgaben in Angriff nehmen kann. Ich erinnere mich gut daran, wie sich mein Verhältnis zu immer größeren Schanzen veränderte. Zuerst war da Respekt, vielleicht sogar Angst. Aber als ich merkte, dass das Gefühl der Selbstwirksamkeit immer größer wurde, veränderte sich auch das andere Gefühl. Was mir gerade noch nicht geheuer schien, begann plötzlich kontrollierbar zu sein und sogar Spaß zu machen, und aus dem Erleben der eigenen Wirksamkeit erwuchs die Überzeugung, dass ich mich auch auf die nächstgrößere Schanze wagen konnte.

Wenn ich mich aufmerksam meinen Alltagspflichten widme, entsteht etwas Ähnliches. Das routinierte, sichere Bearbeiten und Zu-Ende-Bringen kleiner, vielleicht unangenehmer Aufgaben ist bestärkend, hat eine strukturelle Ähnlichkeit mit dem Bewältigen größerer Herausforderungen. Man könnte diese Handgriffe als eine Art Einspielen betrachten, als ein In-Schwung-Kommen und Bestätigen der eigenen Grundkompetenzen. Als Trainer der österreichischen Skisprung-Nationalmannschaft gab ich dem späteren Olympiasieger Ernst Vettori die Aufgabe, sich auch im Wettkampf selbst um die Präparierung seiner Ski zu kümmern – Vektl, wie wir ihn nannten, war mit Sicherheit der letzte Skisprung-Olympiasieger, der im entscheidenden Moment auf einen Serviceman verzichtete. Mein Hintergedanke dabei war, ihn mit konkreten, routinemäßigen und kontrollierbaren Aufgaben zu beschäftigen, damit er nicht Tag und Nacht an die bevorstehenden Wettkämpfe und deren unsicheren Ausgang dachte. Das

Sich-Kümmern um das eigene Material war eine gezielte Maßnahme, die ihm half, sich auf etwas zu fokussieren, das in der Gegenwart lag. Es sollte verhindern, dass Vektls Erregung – durch die ständige Beschäftigung mit dem bevorstehenden Sprung – während der Pause überschoss. Die Maßnahme war erfolgreich. Er gewann 1992 in Albertville Gold im Einzel und Silber im Team.

Nimm kleine Alltagspflichten ernst. Denn das routinierte, sichere Bewältigen unangenehmer Aufgaben hat eine strukturelle Ähnlichkeit mit dem Meistern größerer Herausforderungen.

Jedes Mal, bevor ich ein Golfturnier spiele, putze ich meine Schuhe. Jedes Mal, bevor ich zu einem Vortrag aufbreche, wasche ich mein Auto. Für mich ist das beruhigend und hat irgendwie mit einer Würdigung der Aufgaben zu tun, die ich übernommen habe. Diese Aufgaben haben in meinem Leben eine Bedeutung, also muss ich sie entsprechend respektvoll in Angriff nehmen – dazu gehören für mich diese Handgriffe der Vorbereitung. Diese unspezifische Annäherung mobilisiert und ist wie das Warmlaufen eines Triebwerks vor dem Start, die Energiebereitstellung zum Abheben wird in den Grundzügen vorbereitet.

Das Ganze hat aber auch noch eine andere Bedeutung: Sobald der Mensch etwas Motorisches tut, empfindet er weniger Stress, darum päppelt Novak Djokovic den Ball bis zu 20-mal vor dem Aufschlag. Selbst bei beiläufigen, gut automatisierten Tätigkeiten wie dem Schuheputzen entwickelt sich ein gutes Gefühl. Zur Vorbereitung etwas leicht zu Bewältigendes zu tun, ist viel besser, als nur bangend zu warten, bis es endlich losgeht. Außerdem bin ich gegen schlechtes Wetter gut gerüstet. Und ich kann sicher sein, dass sich niemand über Respektlosigkeit meinerseits beschwert, weil ich nicht mit dreckigen Schuhen bei einer Veranstaltung auftauche.

Das Erledigen alltäglicher Aufgaben ist nicht nur eine Notwendigkeit, sondern auch ein Statement. Indem ich mich gut vorbereite, stelle ich unter Beweis, dass mir die Aufgabe etwas wert ist. Ich bringe, um es in der Sprache unserer Vorfahren zu formulieren, ein Opfer und erhoffe mir davon Segen. Wenn ich meine Schuhe putze, mein Auto wasche, meinen Bleistift spitze, mich rasiere, ein frisches Hemd anziehe, dann symbolisieren diese Handgriffe, dass ich mit Respekt, Konzentration und Ernst darangehe, Herausforderungen zu bewältigen. Sie machen mir den Anfang, den Einstieg leichter. Sie motivieren mich dazu, die Aufgabe nicht nur zu beginnen, sondern auch wirklich zu Ende zu bringen.

Wurden in meiner Jugend Autogenes Training und Konzentrationsübungen in Sport und Berufsleben eingeführt, ist es heute die Achtsamkeits-Meditation. Der Zweck all dieser Methoden, die von fernöstlichen Meditationstechniken abgeleitet sind, ist damals wie heute derselbe: Es geht darum, das Erregungsniveau zwischen entspannt und überspannt zu optimieren, seinen Geist zu sammeln, mit sich selbst in Verbindung zu treten und in weiteren Schritten die Energie auf die konkrete Aufgabe zu lenken. Es geht darum, Aufmerksamkeit und Interesse zu bündeln, im Hier und Jetzt zu sein und Ablenkungen zu ignorieren. Der Mensch hat bekanntlich die Fähigkeit, sich zu konzentrieren, aber er kann auch viele verschiedene Dinge gleichzeitig beachten. Entscheidend ist, was im Vordergrund der Wahrnehmung steht. Achtsamkeit hilft, die Konzentrationsenergie und Neugier für das Wesentliche aufrechtzuhalten.

Wenn ich zum Beispiel schon in der Früh damit beginne, die Handgriffe, die ich jeden Tag zu erledigen habe, nicht nur nebenbei, sondern mit besonderer Achtsamkeit durchzuführen, gelingt mir eine Art Kalibrierung des Bewusstseins für den Tag. Diese mentale Bündelung durch konzentrierte, achtsame Handgriffe macht es mir leichter, Intuition und bewusstes Denken während des ganzen Tages zusammenzuhalten und weniger sprunghaft und ablenkbar zu sein.

Eine andere Begleiterscheinung dieses achtsamen Starts in den Tag besteht darin, dass ich Gewohnheiten auspräge (siehe Kapitel 1). Sobald eine Tätigkeit zur Gewohnheit wird, kostet sie mich deutlich weniger Energie. Gerald Hüther und andere Hirnforscher wissen, dass die Art und Weise, wie wir unser Gehirn einsetzen, darüber entscheidet, in welche Richtung es sich entwickeln oder ob es abbauen wird. Durch unser Denken und Verhalten strukturieren wir fortlaufend unser Denkorgan und damit unsere Persönlichkeit.

Es ist also nicht nur wichtig, *was* ich nach dem Aufstehen mache, anziehe, zubereite, esse, trinke, ob ich die Zeitung oder

News auf dem iPad lese, sondern *wie*. Versuche, jede der kleinen Tätigkeiten mit klarer Zuwendung und Konzentration hintereinander – statt im taumelnden Halbschlaf-Kuddelmudel – auszuführen. Es hilft natürlich, sich am Vorabend ungefähr den Ablauf der ersten Stunde des folgenden Tages zu überlegen – und wenn nötig, schon einmal die Kleidung zurechtzulegen.

Durch diese allmorgendliche Übung wirst du auf den Tag eingestimmt und quasi geeicht. Auf einer tieferen Ebene etabliert sich darüber hinaus allmählich eine Gewohnheit. Ich muss, wenn ich aufstehe, normalerweise nicht mehr groß darüber nachdenken, was ich gleich zu tun habe – was mich anstrengen würde, wenn ich nicht wüsste, wo ich anfangen soll. Ich muss dafür keine Willens- und Entscheidungskraft mehr aufbringen. Mein Tag kommt, ohne dass mich das Kraft kostet, auf Schiene. Die Gewohnheit holt mich ab – wie ein Wesen – und lässt mich tun, was zu tun ist. Mehr noch, ich kann fast gar nicht anders, brauche dafür wenig Energie und profitiere von der angewöhnten geschmeidigen Leichtläufigkeit, die weiter gefestigt wird.

Der Tag beginnt dadurch mit dem guten Gefühl, bereits etwas geschafft zu haben. Bewegung, Körperhygiene, Ankleiden, Tee aufstellen, abseihen, Tisch decken. Das Gefühl entspringt aber keinem diffusen Geheimnis, sondern einer gezielten Prägung. Diese wiederum kann als Folie für die Ausprägung anderer Rituale und Gewohnheiten in größeren Zusammenhängen dienen – bei meinem Studium, in meinem Beruf. Gute Gewohnheiten helfen erstaunlich viel Energie zu sparen. Ich muss nicht an jeder Ecke mit dem inneren Schweinehund raufen, sondern entfliehe ihm leichtfüßig, an besonders guten Tagen tanze ich sogar mit ihm.

ALLTAG

Baldur Preiml, unser legendärer Trainer und Guru, vermittelte uns eine Weisheit des Mental-Positivisten Oscar Schellbach. Ihr müsst, sagte er uns jungen Springern, eure Sachen aus einem Selbstverständlichkeitsstandpunkt heraus erledigen. Damit meinte er, dass wir unsere Arbeit nicht ständig hinterfragen, sondern einfach machen sollten. Irgendwann ist die übergeordnete Grundsatzentscheidung zu treffen, dass dieses und jenes zu unserem spezifischen Auftrag als Sportprofis dazugehört und in Anbetracht der Entwicklungsziele auch Sinn ergibt. Und immer, wenn solche Dinge auf der Tagesordnung stehen, sollten sie aus dieser Einstellung heraus akzeptiert und selbstverständlich angegangen werden.

Anstrengende, aber sinnvolle Trainingsabschnitte sollten keine großen Emotionen oder Widerstände hervorrufen, sondern mit Gelassenheit betrachtet werden. Dieser Modus verschleißt markant weniger Kraft, als wenn man sich emotional sträubt und sich erst überwinden muss. Die Aufgabe an sich kostet schon mehr als genug Energie, was soll der Infight mit dem inneren Schweinehund?

In unserem Alltag ging es dabei konkret um Trainingsabläufe, aber auch um die Art und Weise, wie man ein Hotelzimmer, die Trainingsräume oder den Teambus hinterlässt, sein Material behandelt (oje, das war lange mein Schwachpunkt), es ging um die Pünktlichkeit beim Frühsport und beim Essen, das Einhalten von Vereinbarungen mit Journalisten usw. Um die Selbstverständlichkeit, dass wir auch bei Sauwetter nach draußen zum Trainieren gingen und nicht darum bettelten, in der Halle Volleyball spielen zu dürfen.

Wenn du von einer Reise
nach Hause kommst,
räum sofort den Koffer aus.

**Denn erst wenn nichts mehr
an die Reise erinnert,
bist du wirklich zu Hause
angekommen.**

Das Ritual des Auspackens
trennt das Leben in der Öffentlichkeit
von deinem Leben zu Hause
und bereitet die Basis
für deine Regeneration und
den nächsten Abschnitt.

Das Interessante an diesem Selbstverständlichkeitsstandpunkt ist, dass eigentlich alles, wenn man es qualitätvoll angeht, Spaß zu machen beginnt und befriedigend ist. Für diese Freude an der einmal begonnenen Arbeit gibt es in jeder Gegend entsprechende Ausdrücke, zum Beispiel in meinem Bregenzerwald (ironisch formuliert vom Gesangsduo Stemmeisen & Zündschnur): »Dass ma bloß mit fließig Schaffo zfriedo in a Ufgab ie wast« – dass man nur mit intensiver Zuwendung zufrieden in eine große Herausforderung hineinwachsen kann. Darum nenne ich den Alltag auch meinen permanenten mentalen Fitnessraum, in dem ich täglich meine Übungen mache.

Als meine Zeit als jugendliches Halbgenie vorbei war, eine Zeit, in der ich ständig von Menschen umgeben war, die mich hegen, pflegen und meine Flausen ertragen mussten, lernte ich als frühpensionierter Sportler die Herausforderungen des Alltags auf die harte Tour kennen. In »Brown Eyed Girl« bringt es Van Morrison auf den Punkt: »So hard to find my way, now that I'm all on my own«. Es hieß, einen Überblick über die Herausforderungen zu gewinnen, eine Idee davon zu bekommen, wie ich mich weiterbilde, organisiere, finanziere, absichere – all die Themen, die jede und jeder von euch kennt.

Ich habe mich widerwillig an diese wiederkehrenden Aufgaben gewöhnt – und messe ihnen jeweils einen bestimmten Wert bei. Wenn ich zum Beispiel von einer meiner zahlreichen Reisen nach Hause komme, räume ich den Koffer sofort aus, unterteile das Gewand in »noch sauber« oder »zu waschen« und räume alles aus meinem Sichtfeld in Kästen oder vor die Waschmaschine. Nichts erinnert mehr an die Reise. Auch der leere Koffer verschwindet aus dem Hausgang. Erst dann ist die Reise für mich emotional zu Ende und ich bin daheim angekommen. Angekommen in unserer sicheren Höhle, die ich beim Umräumen rituell wieder erfasst und bezogen habe. Dieses Ritual trennt mein Leben in der Öffentlichkeit von meinem Leben zu Hause und bereitet die Basis für Regeneration und den nächsten Abschnitt.

Diese Koffergewohnheit ist nur eine von vielen, die meinen Alltag strukturieren und erträglich machen. Das hat einen simplen Grund: Gäbe es diese Gewohnheiten nicht, würde die Grundbelastung exponentiell ansteigen. Nicht nur, dass ich abends nach dem Lichtabdrehen über den vergessenen Koffer im Gang stolpern könnte; mein Stresslevel schnellt auch in die Höhe, wenn ich angesichts des halbleeren Koffers permanent darüber nachdenken muss, was draußen als Nächstes auf mich wartet.

Die meisten von uns werden im Alltag nicht von einem Tross von motivierten und unterstützenden Mitarbeitenden begleitet. Kluge Gewohnheiten im Alltäglichen erfüllen eine ähnliche Funktion wie dieses verlässliche Team. Sind sie einmal installiert und halbwegs stabil, speisen sie das Grundvertrauen, gut im Alltag verankert und bereit für größere und delikatere Aufgaben zu sein.

Wenn wir in diesem Buch über lebensverändernde Projekte sprechen, über das Implementieren von mehr Bewegung in den Tagesablauf, über gesündere Ernährung, über das Verändern schädlicher Essgewohnheiten, über – um ganz groß zu denken – eine Verbesserung der Beziehung zu sich selbst, dann ist es eine gute Idee, bei den alltäglichsten Dingen zu beginnen. Die Bewältigung der einfachen Dinge, das Erleben von Wirksamkeit, das Bewusstsein von sozialer Nützlichkeit: Sie bereiten den Weg für größere, komplexere Veränderungen, die unser Leben verbessern können.

PS: Ein berühmter österreichischer Manager erzählte mir einmal, dass er vor Bewerbungsgesprächen, wenn die Kandidaten bereits in seinem Vorzimmer warten, auf den Parkplatz hinuntergeht, um sich ihre Autos anzuschauen. Die Ordnung im Auto, sagte er, erlaube ziemlich genaue Rückschlüsse darauf, wie die oder der Betreffende mit ihrem Werkzeug umgehen und den Arbeitsplatz gestalten würde. Ich dachte mir: Gut, dass ich meistens mit einem sauberen Auto unterwegs bin. Ob mich das Kuddelmuddel auf dem Rücksitz für den Job qualifiziert hätte, muss ich leider bezweifeln. Aber ich arbeite dran.

ALLTAG

Damit du klarer siehst
Schreibübungen für deine Alltagspflichten

Notiere ein Alltagsritual, das dir wichtig ist, im Detail. Das hilft dir dabei, die damit verbundenen Handgriffe in Zukunft bewusster und achtsamer zu verrichten:

....

....

....

Es gibt ein Ritual, mit dem du jede Arbeitswoche beginnen kannst. Du sortierst alles, was du zu tun hast, nach Kriterien.

Diese Priorisierungsmethode nennt sich Eisenhower-Matrix; sie geht auf eine Bemerkung des amerikanischen Präsidenten Eisenhower zurück, und ihre zentrale Erkenntnis besteht darin, dass wichtige Dinge selten dringend sind – und dringende Dinge selten wichtig.

Versuch selbst, am Anfang der Arbeitswoche deine Prioritäten nach diesen Kategorien zu ordnen und in die Tabelle zu schreiben.

	Wichtig, aber nicht dringend	Wichtig und dringend
WICHTIGKEIT	**B**	**A**
	Nicht wichtig und nicht dringend	Dringend, aber nicht wichtig
	D	**C**
	DRINGLICHKEIT →	

Plötzlich siehst du klar, was du sofort erledigen musst (A), womit du dir noch Zeit lassen kannst (B), was du vielleicht an jemanden delegieren kannst (C) und worum du dich gar nicht kümmern musst (D).

KAPITEL 10

WAHRE AUGENMASS!

Warum es klug sein kann, sich nicht sofort zu belohnen, und warum Augenmaß so wichtig für uns ist

Menschen unterscheiden sich auf sehr vielfältige Art und Weise. Ein besonders interessanter Unterschied zeigt sich in der Fähigkeit, warten zu können.

Du kennst bestimmt den berühmten Marshmallow-Test. Dieser wurde mit kleinen Kindern durchgeführt, die ohne Anwesenheit ihrer Eltern vor eine Süßigkeit – nämlich jeweils ein Marshmallow – gesetzt wurden. Der Versuchsleiter tat nun etwas Interessantes: Er kündigte den Kindern an, dass er den Raum verlassen würde und versprach ihnen, dass sie – gesetzt den Fall, sie warteten mit dem Verzehr des Marshmallows, bis er wieder zurückkäme – ein zweites bekommen würden.

Natürlich gab es Kinder, die überhaupt nicht daran dachten zu warten. Sie stopften sich das Marshmallow in den Mund, fertig, basta. Andere Kinder aber warteten tatsächlich und ließen sich für ihre Standhaftigkeit wie versprochen belohnen.

Der Versuch war aber damit nicht zu Ende. Er wurde fortgesetzt, indem die Forscher die Versuchsgruppen über viele Jahre beobachteten und ihr Verhalten analysierten. Dabei zeigte sich, dass die Kinder, die es geschafft hatten zu warten, auch in anderer Hinsicht weitaus besser abschnitten als die Vergleichsgruppe. Ihre schulischen Leistungen waren besser, sie erreichten bessere Ausbildungsgrade, kümmerten sich besser um die eigene Gesundheit, hatten signifikant seltener Probleme mit Alkohol oder Drogen. Sie zeugten weniger uneheliche Kinder und führten bessere Beziehungen.

Daraus schloss man, dass die Fähigkeit, warten zu können – und die Vorstellung, dafür zufriedenstellend belohnt zu werden –, eine große Bedeutung hat und sich positiv auf einen ganzen Lebenslauf auswirken kann.

Das enthält im Kern genau das, was ich in diesem Buch beschreiben möchte: ein besseres Leben nicht nur mit Willenskraft und Entschlossenheit anzusteuern, sondern smart und listig, beweglich und ständig auf der Hut vor billigen Verlockungen und Fallen.

Bleiben wir noch eine Sekunde lang beim Marshmallow-Test. Natürlich kann man nicht ganze Biografien damit erklären. Aber es scheint, dass die Fähigkeit, Lust aufzuschieben, eine Charaktereigenschaft ist, die das Leben weitgehend besser gelingen lässt. Schon Hermann Hesse ließ seinen Siddhartha sagen: „Ich kann denken, ich kann warten. Ich kann fasten".

Diese Fähigkeit ist übrigens weder geschlechtsspezifisch noch rein genetisch festgelegt. Sie ist auch ein Resultat von Lernen und Epigenetik, dem Bindeglied zwischen genetischen Dispositionen und Umwelteinflüssen, die dazu führen, dass Gene eingeschaltet oder stumm geschaltet werden.

Wer es versteht, nicht bei jeder Gelegenheit sofort eine Belohnung zu erwarten, sondern abzuwarten, kann in der Regel besser von schnellem auf langsames Denken umschalten und sich selbst über die Konsequenzen seines Tuns Rechenschaft ablegen. Kann gute Vorstellungsfähigkeit und Fantasie entwickeln und, jedenfalls im Erwachsenenalter, die Konsequenzen des eigenen Handelns besser abschätzen.

Die Fähigkeit, ein bisschen zu warten und dann zwei Marshmallows statt einem zu bekommen, kann zum Beispiel helfen, die Schulzeit oder das Studium nicht nur als Zeit von Anstrengung und Entbehrungen zu sehen, sondern als Lebensabschnitt, der uns mit Wissen versorgt und zu einem kompletteren Menschen macht.

Wer es schafft, seine Lust aufzuschieben, geht in der Regel geschickter mit seinem *limbischen System* – dem Teil des Gehirns, das für die Steuerung von Emotionen zuständig ist – um und schafft es, diese zu regulieren. Lustaufschub bedeutet auch die Regulation von Impulsen, die klarerweise vorhanden sind. Wir können da übrigens nicht nur von Menschen, sondern auch von Tieren lernen.

Zum Beispiel habe ich erlebt, wie in einem Fischteich eine große wilde Bachforelle (sie war durch Hochwasser aus dem Fluss eingespült worden) Dutzende Artgenossen aufgefressen hat – allerdings nicht alle. Drei blieben unbehelligt. Die große Forelle wusste, dass sie diese drei brauchte, um sich fortpflanzen zu können. Das lehrte sie ihr Grundinstinkt.

Auch andere Raubtiere haben eine biologische Beißhemmung gegenüber dem eigenen Rudel, weil diese für die Arterhaltung Sinn ergibt. Gesunde Wölfe, die unter natürlichen Bedingungen leben, sind außerdem nicht so dumm, ihre Reviere ratzeputz leer zu fressen. Sie wissen, dass sie sonst wieder weiterziehen und sich neu orientieren und durchsetzen müssen.

Der Mensch verfügt über diese Grundinstinkte nicht (oder nicht mehr). Er muss sein Gehirn bemühen, um bewusste Entscheidungen zu treffen. Dass diese leider oft gegen die Interessen der eigenen Art ausfallen, ist uns inzwischen schmerzlich bewusst.

Zurück zum Sport. Natürlich spielt eine genetische Grunddisposition im Spitzensport eine gewaltige Rolle. Aber das allein reicht nicht. Niemand kommt auf die Welt und kann Skifahren wie Mikaela Shiffrin oder Skispringen wie Stefan Kraft. Es bedarf relativ langer Lernprozesse, um die entsprechenden Fähigkeiten zu erlangen. Allein der Wunsch, schnell zu fahren oder weit zu springen, reicht nicht aus, auch der beste Vorsatz nicht.

Es braucht Trainerinnen und Trainer, die das Talent der Athletin oder des Athleten einschätzen können, und es braucht methodische Übungsreihen, um das Talent zu heben und zu verfeinern. Diese Übungsreihen sind zum Teil stinklangweilig, aber sie schaffen die Basis dafür, schwierigere, anspruchsvollere Übungen überhaupt erst angehen zu können.

Es kann durchaus sein, dass die Leistungen – selbst der Vielversprechendsten – in dieser Zeit hinter das zurückfallen, was sie in der Vergangenheit bereits erreicht hatten. In diesem Moment ist es wichtig, warten zu können und darauf zu vertrauen, dass der eingeschlagene Weg richtig ist. Warten und arbeiten, warten und darauf vertrauen, dass einem am Schluss das zweite Marshmallow serviert wird.

Als ich die österreichische Skisprung-Nationalmannschaft auf den V-Stil umstellte, forderte der Umlernprozess unglaublichen Tribut. Die Athleten sprangen im neuen Stil, der sie bekanntlich später zu Olympiasiegern machen sollte, nicht nur um zehn, sondern sogar um zwanzig Meter kürzer als im klassischen Stil, den sie beherrschten und dem sie vertrauten. Sie brachten vorübergehend nicht die Leistung von Athleten des Nationalteams, sondern waren bestenfalls reif für den C-Kader.

Als Trainer befand ich mich damals in einer schwierigen Rolle. Alle Veränderungen in Bewegungsabläufen brauchen das unbedingte Vertrauen zwischen Trainer und Athleten, die sich zu hundert Prozent darauf einlassen müssen. Man kann das ohne Weiteres mit einer Psychotherapie vergleichen, die auch nur dann gelingt, wenn zwischen Therapeutin/Therapeut und Patientin/Patient Vertrauen und Offenheit bestehen.

Der Umstellungsprozess musste also gemeinsam funktionieren, denn wenn ein Athlet einem Trainer zeigen will, dass seine Theorie falsch ist, wird er das zweifellos hinkriegen. Der erfahrene Trainer hingegen kennt die Probleme des Athleten, weil er schon viele vergleichbare Situationen bewältigt hat. Er sieht weitere Hürden voraus und weiß, dass Veränderungen schwierig und anstrengend sind und zwischenzeitlich für Frustrationen sorgen werden.

In dieser Phase ist es wichtig, die Zielsetzungen anzupassen, winzige Fortschritte zu formulieren und in der richtigen Dosierung Trost zu spenden, neue Hoffnungen zu wecken und unbedingte Loyalität zu vermitteln, Vertrauen zu spenden und Krisen auch mit Humor zu überwinden. Gemeinsam zu warten, bis die prognostizierte Entwicklung tatsächlich stattfindet und sich die erhofften Ergebnisse – das zweite Marshmallow – einstellen.

Bezogen auf den Marshmallow-Test könnte man sagen: Der Trainer hält seinen Athleten bei Laune, bis der Versuchsleiter mit der Belohnung zurückkommt. Im Spitzensport findet das systematisiert statt. Gute Trainer haben so viel Erfahrung und Glaubwürdigkeit, dass der Athlet während seines Leistungstiefs zwar vielleicht zu zweifeln beginnt, aber auf Spur gehalten werden kann.

Ich habe mit meinen Athleten sehr viele Dinge unternommen, die auf den ersten Blick gar nichts mit ihrer Spezialdisziplin zu tun haben. Wir sind klettern gegangen, haben Jonglieren gelernt, getanzt, haben mit Profis Volleyballtraining gemacht. Es waren viele Dinge dabei, die sie sich nicht zugetraut hätten, und trotzdem machten sie innerhalb ganz kurzer Zeit erstaunliche Fortschritte. Diese Fortschritte waren Aha-Erlebnisse. Sie überzeugten die Sportler, weil sie etwas, wovon sie sich verunsichert gefühlt, wofür sie sich geniert und wovor sie sich gefürchtet hatten, plötzlich beherrschen.

Erfolg hat etwas Berauschendes, Überwältigendes. Er führt dazu, dass wir uns zutrauen, auch in anderen Bereichen erfolgreich zu sein. Ich kann das aus eigener Erfahrung sagen, denn ich begleitete meine Athleten in den Klettergarten, obwohl ich selbst Höhenangst hatte. Als ich dann durch die Wand am Colodri bei Arco (im Nachstieg 6+) geklettert war, war ich wahnsinnig stolz – und spürte wieder einmal am eigenen Leib, wie belebend die Kraft des Erfolgs sein kann.

Ernst Vettori, der spätere Olympiasieger, kam zu diesem Trainingslager nach Arco übrigens mit einem Fake-Gips, nur um dem Klettern zu entkommen. Er hatte eine Riesenangst vor dem Fels und der Höhe. Ich kannte ihn allerdings zu gut und wusste genau, dass er nicht verletzt war. Er musste den Gips ablegen und sich in den Klettergarten wagen.

Und dort passierte dann etwas. Erste erfolgversprechende Schritte, das Gefühl für die Kletterschuhe, die Wirkung des Magnesiums beim Greifen, das Zusammenspiel der eigenen Kräfte und die Anleitungen der Bergführer rund um Horst Fankhauser, die uns instruierten und auf die Tour einstimmten. Dass schließlich auch Ernst durch die Wand stieg, war dann ein gutes Omen dafür, dass uns auch das ganz große Projekt – der Umstieg auf den V-Stil – gelingen würde.

Veränderungen sind immer heikel. Sie bergen das Risiko des Scheiterns. Sie fordern die Geduld der Menschen, die etwas oder sich selbst verändern wollen, heraus. Sie exponieren sie – und oft genug gibt es andere, nicht so wohlmeinende, die nur darauf warten, dass sie scheitern.

Bei uns Skispringern in der Umstellungsphase war das offensichtlich. Aber dasselbe Phänomen gibt es auch, wenn jemand eine Diät anfängt oder zu trainieren beginnt. Meistens gibt es jemanden, der selbst nicht den Mumm hat, dasselbe zu tun und deshalb darauf hofft, dass auch der oder die andere scheitert. Damit muss man rechnen.

Ein guter Coach kann über diese Phasen des Zweifelns und der Exponiertheit hinweghelfen. Ich selbst habe da zwei durchaus verschiedene Erfahrungen gemacht. Der legendäre Buwi Bradl etwa prophezeite mir, als ich vierzehnjährig bei ihm in Mühlbach am Hochkönig auftauchte: „Du mit deinen langen Haaren wirst es nie lernen. Und als Skifahrer kriegst du sicher auch keinen Telemark hin."

Das weckte in mir natürlich einen gewissen Widerspruchsgeist und ich bemühte mich ganz besonders – ohne mir jemals die Haare schneiden zu lassen.

Baldur Preiml hingegen ging es von der anderen Seite an. Er sagte uns: „Ihr werdet, was die Eleganz des Fluges und der Landung betrifft, bald der Maßstab im internationalen Skisport sein." Das begründete für uns die Zeit des Wartens auf das zweite Marshmallow, denn wir Österreicher waren alles andere als berühmt für unseren gepflegten Stil. Aber wir glaubten und arbeiteten daran, und das Warten zahlte sich aus.

Im Alltagsleben stehen einem gut ausgebildete, charismatische Trainer meistens nicht zur Verfügung. Und trotzdem spielt es eine riesige Rolle, wie wir mit dem Thema Lustaufschub umgehen.

Vielleicht helfen uns Kolleginnen oder Kollegen dabei, vielleicht hilft uns aber auch der innere Coach. Selbstgespräche spielen in anstrengenden Lebensphasen eine erstaunlich große Rolle. Ich habe sowohl mit meinen Athleten als auch mit mir selbst daran gearbeitet, eine innere Stimme zu entwickeln, die sowohl ein bisschen fordernd als auch wohlwollend und verständnisvoll ist. Mir schwebt dabei die Stimme von Eltern vor, die ihr Kind einfühlsam fordern, Verständnis für Schwankungen, einen feinen Sinn für Humor haben und dabei das Ziel und Wohlbefinden ihres Schützlings immer im Auge behalten.

Ich kann empfehlen, diese Selbstgespräche manchmal aufzuschreiben, um den richtigen Tonfall zu treffen. Sich der Herausforderungen immer wieder zu vergewissern und sich in heiklen Situationen zumindest der eigenen Unterstützung sicher zu sein.

Ein Satz, den der Franui-Chef und Trompeter Andreas Schett geprägt hat, lautet: „Die Arbeit fängt eigentlich erst an, wenn man sie fertig machen muss".

In diesem Satz steckt viel Wahres. Wer ernsthaft abnehmen möchte, weiß das. Der Vorsatz allein ist gratis. Er lässt sich trefflich während des Neujahrsfeuerwerks, ein Glas Champagner in der Hand, aussprechen.

Sobald der Vorsatz aber im Alltag Gestalt annehmen soll, verwandelt er sich in Arbeit. Man kann neues Verhalten üben. Man kann es ausprobieren. Zuerst bildet sich die Absicht, das eigene Verhalten dauerhaft zu verändern. Aber erst wenn man beginnt, systematisch und zielgerichtet an den dafür nötigen Fähigkeiten zu arbeiten, nennt man das „Training".

Training ist ein sorgfältig organisierter Prozess. Dieser Prozess ist zielgerichtet, kennt Zwischenziele, Belohnungen und

Wenn du keinen Coach hast,
dann führe Selbstgespräche.

**Denn wir alle
brauchen jemanden,
der uns besonders gut kennt.
Zum Beispiel uns selbst.**

Entwickle eine innere Stimme,
die dich zwar fordert,
aber dir zugleich mit Wohlwollen
und Verständnis begegnet.

**Denk daran, dass du
die zukünftigen Selbstgespräche
deiner Kinder beeinflusst,
ob du willst oder nicht.**

Regenerationsphasen. Das muss ich beherzigen, wenn ich meinen Vorsatz fasse, denn sonst fange ich irgendwo an und höre bald darauf wieder irgendwo auf – und muss mir (und den anderen Gästen der Neujahrsparty) eingestehen, dass ich gescheitert bin.

Training braucht Planung und Dokumentation, quasi Projektmanagement. Es empfiehlt sich, mit kompetenten Menschen zu sprechen (siehe Kapitel 4) und hilfreiche Informationen einzuholen: Welche Schritte bringen mich zu meinem Ziel? In welcher Reihenfolge muss ich sie gehen, um nicht zu stolpern? Wie überwache ich mich selbst (zum Beispiel durch ein Tagebuch oder eine unterstützende App auf dem Handy)? Und, ganz elementar: Wie kriege ich es hin, das Training in meinem Alltag zu verankern? Worauf muss ich verzichten? Und worauf will ich auf keinen Fall verzichten?

Wenn ich zum Beispiel, was physiologisch sinnvoll ist, in der Woche 100 bis 150 Minuten trainieren möchte, muss ich mir zuerst die Rahmenbedingungen überlegen: Wann und wo kann ich das unterbringen? Es ist zum Beispiel nicht zu empfehlen, mit intensiven Ausdauereinheiten zu beginnen, mit denen ich mich gleich einmal überfordere und demotiviere. Es ist nicht zu empfehlen, gleich lange Strecken zu laufen, wenn ich ein kritisches Alter und Gewicht habe und schon ein paar Jahre nicht mehr gelaufen bin. Ich muss zu mir selbst fair sein und sicherstellen, dass ich mir tatsächlich eine Chance gebe. Das bedeutet am Anfang: kleine Schritte machen. Die richtigen Momente dafür finden. Und eine Idee entwickeln, wie ich mit dem inneren Schweinehund umgehe, wenn er bald darauf um die Ecke schaut. Eine Vorstellung davon haben, wieviel Zeit es braucht, bis ich für meine Anstrengungen belohnt werde. Also: warten können. Und nicht den Glauben an die Belohnung verlieren.

Ich führe zum Beispiel einen ganz einfachen Trainingskalender. Ein Strich, wenn ich eine Skitour mache, ein Strich, wenn ich Langlaufen gehe. Das klingt vielleicht ein bisschen nach dem zwangsgestörten Privatdetektiv Monk, aber mir tut es gut, diese Stricherl zu machen – besonders schön ist der Querstrich, der anzeigt, dass es schon fünf Skitouren oder Langlaufeinheiten waren. Dieser Stolz beim Abstreichen der Einheiten ist ja allein schon eine Anerkennung, eine Belohnung, wenigstens eine kleine. Im Fitnessstudio wird meine Anwesenheit über die Karte automatisch registriert, ich muss keinen Strich machen, nur mich aufwärmen und Gewichte stemmen…

Wenn wir beginnen, neue Gewohnheiten auszuprägen und in unserem Alltag zu verankern, dürfen wir eines nicht vergessen: Die alten Gewohnheiten, die uns die Probleme bereitet haben, von denen wir uns lösen wollen, besitzen eine mächtige Kraft. Wir haben sie uns in der Regel über einen langen Zeitraum und meist ohne jede Absicht antrainiert. Es wäre vermessen zu glauben, dass wir uns von ihnen in kürzester Zeit wieder verabschieden können.

Wir sind also zurück beim Thema Zeit, beim Warten auf den Erfolg. Bis sich neue Verhaltensweisen etabliert haben und die erwünschten Ergebnisse zeitigen, vergeht Zeit, manchmal viel Zeit.

Nach sieben Jahren Golf-Abstinenz fing ich wieder an, Bälle zu schlagen, sah ein Video meines Schwungs und war entsetzt. Mein Vorsatz war, mit Hilfe eines Trainers den Schwung umzustellen, bis das Video wieder zufriedenstellende Abläufe zeigen würde. Ich kalkulierte drei Monate dafür ein. Es war ein spannendes Projekt, sollte aber fast zwei Jahre dauern, bis sogar die schlechten Schläge halbwegs ihr Ziel fanden. Die alten Gewohnheiten waren profund im Gefühl verankert.

Wir sollten die Zeit nutzen, um die kleinen, manchmal winzigen Erfolge zu sehen, die sich lange vor den großen einstellen. Wenn es tatsächlich schon merklich weniger Überwindung kostet, die nächste Trainingseinheit zu beginnen. Wenn wir weniger Energie brauchen, um gewisse Dinge zu tun (oder nicht zu tun), weil die neue Gewohnheit dabei ist, sich auszuprägen.

Und ja, es kostet Energie. Es kostet Energie, an die nächste Trainingseinheit zu denken. Es kostet Energie, auf dem Markt Gemüse einzukaufen und sich an den Herd zu stellen, statt ins Wirtshaus zu gehen, ein Schnitzel zu essen und Bier dazu zu trinken. Alles zu seiner Zeit und im richtigen Verhältnis.

Jede gravierende Veränderung in unserem Verhalten, jede synaptische Umprogrammierung in unserem Gehirn kostet Energie. Damit müssen wir rechnen. Auch ein Auto fährt nur, wenn wir es betanken, und zu Hause ist es nur dann warm, wenn wir die Heizung aufdrehen (und die Rechnung für die Energie bezahlen).

Wir müssen also realistisch sein: Jede Veränderung wird uns etwas abverlangen. Die gute Nachricht: Es wird ständig weniger. Sobald ein Grundprinzip etabliert ist, kosten uns die Wiederholungen weniger Energie. Sobald sie zur Gewohnheit geworden sind, bekommen wir Energie zurück – wenn der Vorsatz klug gefasst war.

Die Kinder, die beim Marshmallow-Test gut abgeschnitten haben, brauchen wahrscheinlich auch bei anderen Dingen des täglichen Lebens weniger Energie, um Ablenkungen und Verlockungen zu widerstehen. *Inhibition* nennt sich diese exekutive Funktion. Sie hilft dabei, Störungen besser auszublenden und begegnet uns nicht nur hier im Buch immer wieder. Die Fähigkeit selbst und zahlreiche Tricks, um sie zu unterstützen, sind in unserem Grundprogramm unterschiedlich gut verankert. Ist das Muster jedoch einmal erkannt und akzeptiert, lässt es sich in vielen Lebensbereichen anwenden.

Kaum jemand aus dem Spitzensport, der die Gesetzmäßigkeiten von zielführendem Training, von Leistung, vorübergehendem Verzicht und Erfolg kennengelernt hat, würde beim Studieren auf die Idee kommen, dass man den Studienabschluss ohne Anstrengung erreichen kann. Diese Lektion haben Sportlerin und Sportler in ihrem Metier gelernt. Sie hilft ihnen dabei, sich den Herausforderungen zu stellen, nicht immer mit Vergnügen, aber selbstverständlich. Das kostet weniger Energie, als sich über alles Mögliche an Anforderungen aufzuregen, von vielem ablenken zu lassen und über billige Abkürzungen, vielleicht sogar mithilfe künstlicher Intelligenz, zu spekulieren.

Umgelegt auf den Marshmallow-Test bedeutet das, dass man zwei Dinge gleichzeitig im Auge behalten muss: erstens die doppelte Belohnung am Schluss. Zweitens aber auch die Tatsache, dass es bis dahin keine oder nur kleine Belohnungen gibt. „Arbeit muss nicht immer Spaß machen", stellt die Schweizer Arbeitspsychologin Nicole Kopp dazu fest.

Eine Reihe von Untersuchungen, etwa die des österreichischen Verhaltensökonomen Matthias Sutter, haben bestätigt, dass die Fähigkeit zum Lustaufschub für ein erfolgreiches Leben wichtiger ist als Talent – und sogar wichtiger als Intelligenz. Vor allem hochintelligente Menschen sind nämlich sehr raffiniert, wenn es um Erklärungen geht, warum sie die Belohnung kassieren, bevor die Arbeit noch begonnen hat – das erste und einzige Marshmallow.

Zum Abschluss dieses Kapitels möchte ich noch dafür plädieren, die Ziele nicht zu hoch zu stecken, sondern sie mit Augenmaß zu formulieren. Es soll nicht nur ein Ziel im Leben geben, dem man unter Aufbietung aller Kräfte folgt, indem man alles auf eine Karte setzt. Es muss auch Zeit für das Leben selbst sein.

Wir Menschen sind vieldimensionale Wesen, und es widerstrebt mir zu sehen, wenn sich alles auf eine einzige Dimension verengt. Ich las zum Beispiel einen Bericht über eine Umfrage aus den USA. Junge Sportler und Sportlerinnen wurden danach gefragt, was sie zu geben bereit wären, um mit absoluter Sicherheit eine olympische Goldmedaille zu gewinnen. 75 Prozent gaben an, die Methode, die sie dorthin bringen würde, zu wählen, selbst wenn sie als Konsequenz danach nur noch sechs Jahre zu leben hätten.

Das ist verrückt, da läuft etwas völlig falsch.

Im Zusammenhang dieses Buches bedeutet das: Wir sollten niemals den Kontext unseres Lebens aus den Augen verlieren: unsere Partnerschaften, unseren Beruf, unser Wohlbefinden. Augenmaß bedeutet, Erfolg haben zu wollen, aber nicht um jeden Preis. Das Leben soll schließlich Freude machen, egal, welchen Vorsatz ich gerade gefasst habe. Wenn ich den Vorsatz habe, leichter zu werden, gehe ich nicht blauäugig, sondern systematisch an die Sache heran. Möchte aber trotzdem meinen Humor, den Spaß am Leben behalten. Ich versuche jetzt, eine bessere

Kondition aufzubauen, aber ich möchte deswegen nicht auf Geselligkeit verzichten.

Augenmaß bedeutet Selbsteinschätzung: Welche Ziele kann ich mir zumuten, ohne dass ich mich familiär oder beruflich isoliere? Welche Ziele beleben mich – und machen mich nicht unerträglich? Wieviel ist meinen Liebsten, meinen Mitarbeiterinnen und Mitarbeitern zuzumuten?

Diese Fragen sollten ganz am Anfang stehen.

AUGENMASS

Gedulde und belohne dich!

Vier Modelle, wie du vom Prinzip „Lustaufschub" profitieren kannst

1 Belohne dich mit einem Frühstück.
Bereite dir in der Früh ein köstliches Frühstück zu, zum Beispiel ein Müsli mit vielen frischen Früchten. Setz dich dann aber nicht sofort an den Frühstückstisch, sondern erledige zuerst ein paar andere Aufgaben: den Geschirrspüler ausräumen. E-Mails beantworten. Genieße dann das Frühstück mit dem Gefühl, bereits etwas Wertvolles geleistet und eine Belohnung verdient zu haben.

2 Belohne dich mit Lebensfreude.
Pack die Laufschuhe ein, wenn du ins Büro gehst (ich selbst lege die Golfschläger oder die Angelrute in den Kofferraum, bevor ich losfahre). Damit legst du fest, was nach getaner Arbeit auf dem Programm steht und worauf du dich freuen kannst: auf einen ausführlichen Spaziergang, einen Kinobesuch, ein Konzert oder eine Laufrunde (in meinem Fall auf eine Runde Golf oder einen Nachmittag mit der Rute am Fischwasser).

3 Belohne dich mit schöner Sportkleidung.
Halte, wenn du zu trainieren beginnst und dir dafür neue, schöne Funktionskleidung besorgen möchtest, folgenden Fahrplan ein: Zuerst zehn Läufe oder Runden im Fitnessstudio in der alten, vorhandenen Kleidung. Erst dann gehst du ins Sportgeschäft und belohnst dich mit der neuen Ausrüstung für die bereits geleisteten Kilometer/Runden.

4 Belohne dich hin und wieder mit einer Leckerei.
Gesunde Ernährung ist das Fundament eines erfreulichen und selbstbestimmten Lebens. Dazu gehört auch der Verzicht auf zu viel Fett, Zucker und Alkohol – auf Dinge, die viele Menschen als Belohnung empfinden. Diese Verzichtregeln im Ausnahmefall zu brechen, ist sinnvoll: Ein Feierabendbier, ein Prosecco, ein Eis oder ein (Vollwert-)Kuchen können eine schöne Belohnung sein. Voraussetzung: Die Ausnahme von der Regel bleibt etwas Besonderes.

KAPITEL 11

STAUNE UND HALTE DAGEGEN!

Welche Chancen und Herausforderungen die technisierte und digitale Welt bietet und wie wir ihr vernünftig begegnen

TECHNIK: DIGITALES & MOBILITÄT

Ich bin in einer Zeit aufgewachsen, in der die Technik große Sensationen lieferte. Zur Firmung bekamen wir im Bregenzerwald zum Beispiel von den Firmpaten eine Uhr geschenkt. Das war ein Instrument, das den Eintritt in die Erwachsenenwelt symbolisierte: Am Berg gab es keine Kirchturmuhr. Ab jetzt konnten wir unseren Tag organisieren, weil wir ja wussten, wie spät es ist – und für die sportlichen Kinder gab es vielleicht zusätzlich eine mit Stoppuhrfunktion.

Meine Firmuhr wurde mir in Reit im Winkl geklaut. Zwei Jahre später leistete ich mir eine Uhr mit einem Wecker und lernte bald die erste Lektion: Nachdem ich mir ein paar Wochen lang den Wecker gestellt hatte, brauchte ich keinen mehr, weil ich automatisch munter wurde. Die Gewohnheit hatte sich etabliert (siehe Kapitel 1).

Wenn ich über meine Uhr mit Weckerfunktion als „technische Speerspitze" meiner Jugend spreche, sehe ich dich lächeln. Zu Recht. Der erste Telefonanschluss auf dem Sonderdach wurde übrigens installiert, als ich sechzehn wurde. Bei meinen ersten Telefonaten war ich noch total nervös und konnte es nicht fassen, dass das wirklich funktionierte.

Die Digitalisierung hat uns alle auf ein völlig neues Niveau der technischen Hilfsangebote gehoben. Ich gehöre in meiner Alterskohorte mit den Menschen, die vielleicht zehn bis fünfzehn Jahre jünger sind als ich, zur letzten Generation, die, gestützt auf die Erfahrungen aus der eigenen Kindheit und Jugend, vermeintlich verstaubte, aber doch wichtige kritische Fragen zur digitalen Revolution stellen kann. Fragen, die allerdings nicht nur für uns, sondern auch – und vor allem – für die nachfolgenden Generationen von Bedeutung sein werden.

TECHNIK: DIGITALES & MOBILITÄT

Zum Beispiel die Frage, wie sehr der technische Support, den uns unsere Handys, Apps und Computerprogramme gewähren, zu Gewohnheiten, Hilfestellungen im Alltag aber auch schleichenden Abhängigkeiten führt.

Es gibt auf diese Frage keine pauschale Antwort. Sie fällt für jeden und jede Einzelne anders aus, je nachdem woher man stammt, welche Vergangenheit man hat, aus welchem Elternhaus man kommt.

Worin ich mir allerdings sicher bin – und damit erhebe ich keinen Anspruch auf Originalität: Die digitale Welt übt eine massive Macht auf uns aus, die direkt in Abhängigkeit und digitale Tristesse führen kann. Um die Zusammenhänge zu begreifen, wie diese Abhängigkeiten entstehen und wie sie sich auswirken, braucht es eine Portion Urteilsvermögen und Verständnis für die Prozesse, die im Umgang mit den digitalen Medien ablaufen – und ein geschultes Auge dafür, wie stark wir dabei von ihnen manipuliert werden.

Das Ganze ist kein zu vernachlässigendes Detailproblem. Es hängt direkt mit unserer gesamten modernen Lebensgestaltung zusammen.

Unsere Generation hat in ihrer Kindheit gelernt, stets hinter sich das Licht abzudrehen und sparsam mit Wasser zu sein. Ein Zimmer, in dem niemand war und trotzdem das Licht brannte, war meinen Eltern ein Gräuel. Strom war eine wertvolle Ressource. Wir haben versucht, mit dieser Ressource so schonend wie möglich umzugehen. „Der Letzte macht das Licht aus": Diese Verhaltensweise war noch nicht zweideutig gemeint und wurde uns vorgelebt und einprogrammiert.

TECHNIK: DIGITALES & MOBILITÄT

1970, als Zwölfjähriger, erlebte ich eine technische Sensation: Vater Alois hatte als Gastwirt in einen Farbfernseher investiert, die Fußballweltmeisterschaft in Mexiko lief also aufregenderweise in nicht immer natürlichem Bunt statt in Schwarz-Weiß, als hätten wir ein Kino zu Hause! Aber Fernsehen war damals eine kostbare Ressource. Die Anstalten sendeten nur abends und formten damit unser Verhalten. Sobald etwas gesendet wurde, wollten wir es sehen.

Schon 1985 – die Programmangebote waren inzwischen explodiert – schrieb der amerikanische Medienwissenschaftler Neil Postman sein prophetisches Werk „Wir amüsieren uns zu Tode". Postman analysierte und kritisierte darin die Wirkmacht des neuen Mediums und wies darauf hin, wie sehr uns die Allgegenwart des Fernsehens und die neue Art der passiven Information beeinflussen. Auf Werbespot-Länge verkürzte und simplifizierte Botschaften veränderten den Menschen und lockten ihn in neue, nicht immer vorteilhafte Gewohnheiten – Jahrzehnte, bevor die digitalen Medien diese Mechanismen auf die Spitze trieben.

Schon das Fernsehen hat die Welt verändert, zum Dorf gemacht. Die digitalen Medien verändern sie ein weiteres Mal, noch radikaler, und zwar in einer atemberaubenden Geschwindigkeit. Wir Menschen, unsere Gehirne und Körper verändern uns mit ihr. Finden wir einen gesunden, selbstbestimmten Umgang damit oder sind wir zusehends hilflos ausgeliefert – der süchtig machenden neuen Technik, den genial konzipierten Algorithmen und der eigenen Bequemlichkeit?

Bei uns zu Hause, auch bedingt durch die Wohnküche, unser berufliches Interesse am Sport und eine gewisse Gewohnheit, wird oft ferngesehen. Wer lesen will, zieht sich in ein anderes

Die Vorteile der digitalen Welt
sind gigantisch.
Allerdings muss man sie
zu nutzen lernen.

**Die wichtigsten Fragen lauten:
Was nutzt mir wirklich?
Und was führt in eine
Sackgasse?**

Dafür brauche ich ein
sicheres Urteilsvermögen.

**Und – ganz wichtig –
ausreichend Erfahrungen in
der nicht-digitalen Welt.**

TECHNIK: DIGITALES & MOBILITÄT

Zimmer oder hinter Kopfhörer zurück. Bis der asiatische Flatscreen-Oldtimer ausgerechnet für die On/Off-Taste den Kontakt mit der Fernbedienung verweigerte. Plötzlich musste man zum Einschalten vom Sofa aufstehen und das händisch am Gerät erledigen. Der Effekt: Es wurde merklich weniger ferngesehen als sonst. Unser Konsum von allen möglichen Inhalten hängt direkt damit zusammen, wie bequem unser Zugang dazu ist. Kontext ist eben einer der drei Hauptfaktoren bei der Ausprägung von Gewohnheiten (siehe Kapitel 1).

Unsere Gewohnheiten orientieren sich an den Angeboten einer technologisierten Welt. Die Entscheidung, eine Sendung oder eine Website aufzurufen, wird uns von den Alchemisten der Emotionen, die im Dienst der digitalen Anbieter stehen, immer verlockender, immer leichter gemacht. Sie spielen virtuos mit den neuronalen Botenstoffen in unserem Gehirn, kitzeln unsere Neugier und unser uraltes Belohnungssystem mit Brain-Junkfood, bis wir uns gar nicht mehr bewusst sind, dass wir mit dem nächsten Griff zum Handy und dem nächsten gedankenlosen Click eine Entscheidung treffen.

Die Welt der klassischen Medien befindet sich im Wandel. Eine Zeitung auf Papier lesen nur noch Menschen, die das irgendwann gelernt und *habituiert,* ein Zeremoniell daraus gemacht haben. Jüngere Menschen leben längst andere Gewohnheiten. Sie informieren sich ausschließlich digital. Zu bestimmten Angebotszeiten fernzusehen, zum Beispiel auf die Sportnachrichten um 19:56 zu warten, erscheint ihnen völlig absurd.

Die daraus entstehenden Probleme – Stichwort Medienkompetenz, Fake News und Echokammern –, können enorm sein: Eine Gesellschaft, die sich nur mehr mit Informationen auseinandersetzt, die der eigenen Meinung entsprechen, wird die Grundlagen für einen sorgfältig abwägenden und kritischen Diskurs sehr schnell verlieren. Entscheidend dafür sind das Urteilsvermögen jeder und jedes Einzelnen, die Fähigkeit, eine andere Meinung auszuhalten. Der gigantische Vorteil aufgeklärten, kritisch-rationalen Denkens ist der Umstand, dass „wir unsere Hypothesen anstelle von uns selbst sterben lassen", lehrte uns Sir Karl Popper. Das braucht konsequente Schulung in logischen Schlussfolgerungen, Diskussionskultur und eine an Fakten und sauberer Recherche festhaltende Presse.

Nach wie vor lese ich unentwegt Bücher, und ich habe meine Bücher gern um mich. Aber was macht das mit mir? Wozu verpflichtet es mich?

Zum Beispiel habe ich schon vor Jahren beschlossen, mir keine Bücher mehr von Onlinehändlern liefern zu lassen. Zwar ist deren Service, man muss es anerkennend sagen, fantastisch. Aber ich möchte weder zum Sterben des lokalen Buchhandels beitragen noch stillschweigend die schlechten Arbeitsbedingungen in den großen Verteilerzentren von Amazon und anderen Onlinehändlern unterstützen.

Lieber bestelle ich meine Bücher in Hall oder Innsbruck, gehe auf einen Kaffee, plaudere mit den Buchhändlerinnen und bekomme von ihnen vielleicht den einen oder anderen wertvollen Tipp. Ich habe mich auch noch nicht dazu durchgerungen, mir einen E-Reader zu kaufen, auch wenn mir zu Hause schon der Platz für meine Bücher ausgeht – aber das ist wohl eine ähnliche Geschichte wie die mit dem überfälligen iPad für meine Gitarrennoten.

TECHNIK: DIGITALES & MOBILITÄT

Hoffentlich ist hier spürbar, dass ich die digitale Welt überhaupt nicht grundsätzlich ablehne, sondern viele ihrer Vorteile zu schätzen und zu nutzen weiß. Es gibt Angebote für Gitarristen, z. B. das versteckte digitale Stimmgerät, das an der Gitarre unauffällig für einen guten Ton sorgt, für Golfer, für Tennis- und Tischtennisspieler, für Fliegenfischer. Plötzlich sind im Handumdrehen Informationen, Inspirationen, Tipps, Tutorials und Handreichungen aus der ganzen Welt verfügbar.

Das Finden dieser Hilfen und Informationen ist einfach. Schwierig ist es herauszufinden, was sie für mich persönlich taugen. Was blendet und verwirrt mich, was führt am Schluss in eine Sackgasse? Was bringt mir einen substanziellen Mehrwert? Dafür brauche ich ein sicheres Urteilsvermögen und – ganz wichtig – eigene Erfahrungen in der nicht-digitalen Welt.

Meiner Meinung nach lautet der gute Vorsatz, den jede und jeder von uns fassen sollte: Lassen wir uns nicht so leicht übertölpeln von den Gesängen der Sirenen des digitalen Meeres. Stellen wir den digitalen unsere analogen Erfahrungen gegenüber.

Klar gibt es viele Gesundheitstipps im Internet. Zu viele davon machen uns zu panischen Hypochondern und ersetzen keinesfalls die Diagnose des erfahrenen Hausarztes und die Magie des menschlichen Gegenübers. Klar gibt es Hunderttausende Tipps für einen besseren, vor allem weiteren Golfschlag oder die ideale Rute und Wurftechnik zum Fliegenfischen. Ich habe mich in diese digitalen Angebote – wie wahrscheinlich jede und jeder von euch – schon vertieft und regelrecht eingegraben, kam aber stets zum selben Schluss: Sobald ich verwirrt und übersättigt war, ging ich zu einem Menschen aus Fleisch und Blut und erzählte ihm von meinen Experimenten und Irrwegen.

TECHNIK: DIGITALES & MOBILITÄT

Die Reaktion darauf war immer ähnlich. Meine Golftrainer Ulf, Thomas oder Didi lachten und antworteten mir: „Das Problem gehört nicht dir allein. Ständig habe ich Anfragen von Menschen, die sich vor lauter Informationen und Versprechungen im Internet nicht mehr auskennen und in eine Sackgasse geraten sind."

Beim Golfen geht es immer auch um Länge: Die Länge des Abschlags mit dem Driver ist ein motorisches Statussymbol, vor allem, man muss es leider zugeben, für Männer. Die Golfindustrie verspricht Spontanheilung durch den Ankauf des neuesten, oft sündteuren Schlägers, beworben von den Ikonen der Weltspitze. Im Internet findest du großartig animierte Technikanalysen und ebenso viele völlig untaugliche Versprechungen, um „die Kugel endlich in den Orbit zu dreschen" oder „deine Freunde vor Neid grün werden zu lassen". Wenig davon lässt sich auf die eigenen Defizite anwenden, um sinnvolle Lehren daraus zu ziehen, geschweige denn diese umzusetzen.

Wenn das aber nicht gelingt, kann es dir passieren, dass die nächste Runde zu einem völligen Desaster wird, was dich natürlich endgültig verunsichert. Ist längere Zeit kein Land in Sicht, gehe ich reumütig zu einem Pro und erkläre ihm meine Situation. Er schaut sich dann meine Anamnese an und gibt mir einen wohldosierten Rat. Er überschüttet mich nicht mit allen Informationen, über die er verfügt, weil er nämlich weiß, dass mich das überfordern würde. Gute Coaches picken das heraus, was ich verstehe – und womit ich schnell eine Chance auf ein Erfolgserlebnis – eine Belohnung – bekomme. Dadurch bin ich dann eher geneigt, geduldig und leidensbereit auch eine langfristigere Umprogrammierung anzugehen.

Der gute Vorsatz,
den jede und jeder von uns
fassen sollte:

**Lassen wir uns
nicht so leicht übertölpeln
von den Gesängen der Sirenen
des digitalen Meeres.**

Stellen wir selbstbewusst
unsere analogen Erfahrungen
den digitalen gegenüber.

TECHNIK: DIGITALES & MOBILITÄT

Ich muss gestehen, dass diese Info oft etwas ist, was mir der Pro vor zwei, drei Jahren eh schon einmal gesagt hat. Aber ich habe sie wieder vergessen oder ihr nicht den Wert beigemessen, den sie verdient gehabt hätte. Mit modernster digitaler Technik, Video und Radarmessungen rund um den Treffpunkt, Eintreffwinkel des Schlägers, Ballgeschwindigkeit, Abflugwinkel, Spin-Rate etc. untermauern Golflehrer ihre Analyse mit harten Fakten. Alle Profis trainieren heutzutage mit diesem technischen Feedback. Sogar das Niveau der Weltklasse ist dadurch noch einmal angehoben worden. Gerade stand ich beim Rydercup in Rom eineinhalb Stunden auf der Drivingrange. Jeder Schlag der Superstars wurde auf der Anzeigetafel in sämtliche Bestandteile zerlegt. Rory McIlroys Ball flog zum Beispiel 291 Meter weit …

Mein persönlicher Vorsatz lautet also – und auch darüber habe ich in diesem Buch schon gesprochen (siehe Kapitel 4): Lass dir helfen, auch digital, aber mit Augenmaß. Wir brauchen jemanden, der mit all den Daten und Fakten wirklich umgehen kann, sie sortiert und uns die Augen für die Realität wieder öffnet.

Ein älteres, aber nicht weniger großes Thema ist die Technisierung der Mobilität. Wie kaum eine andere Kulturtechnik hat sie unser Leben, unsere Gesundheit, die Berufswelt, ja den ganzen Planeten verändert.

Eine nie dagewesene Mobilität gehört für jede und jeden von uns zum Alltag, und wir müssen uns mit all unseren guten Vorsätzen, mit unseren guten und schlechten Gewohnheiten damit auseinandersetzen.

Ich bin bis zum Turboschaden meines zwölf Jahre alten BMWs 327.000 Kilometer gefahren. Meinen Berechnungen zufolge macht das etwas über eine gute Stunde aus, die ich täglich im Auto gesessen bin – und das ist vielleicht die Hälfte der Zeit, die ich früher, in meiner Zeit als Trainer und Sportdirektor, unterwegs war. Und es spart all die Kilometer aus, die ich im Zug oder im Flieger zurückgelegt habe.

Wir verbringen also einen relevanten Teil unseres Lebens unterwegs, in irgendwelchen Verkehrsmitteln sitzend. (Wie ich über E-Scooter, Rolltreppen und Lifte denke, die uns die restlichen Meter so bequem wie möglich machen wollen, habe ich schon im Kapitel 3 geschrieben.) Das hat Auswirkungen auf unsere Gesundheit, unseren Bewegungsapparat und unser Gewichtsmanagement, aber natürlich auch auf unsere Umwelt. Ich würde dir also den Vorsatz empfehlen, nicht reflexartig aufzuheulen, wenn irgendwo in der Stadt ein paar Parkplätze wegkommen, weil eine neue Begegnungs- oder Fußgängerzone entsteht. „Die Hausdächer der USA bilden eine Fläche von 5000 Quadratkilometern, während die Parkplätze etwa 60 000 Quadratkilometer einnehmen", konstatiert der isländische Schriftsteller Andri Snær Magnason.

Meine persönlichen Mobilitäts-Vorsätze: Ein Auto über einen langen Zeitraum fahren – und warten, ob es den Autobauern nicht irgendwann einfällt, klügere Autos als tonnenschwere Elektro-SUVs zu produzieren. Reduzieren der Fahrkilometer im Auto. Kluges Planen. Keine Geschwindigkeitsrekorde anstreben, sondern eher ambitioniertes Sprit-Sparen mit dem alten Vehikel. Das Einhalten der Bewegungspausen bei langen Fahrten (siehe Kapitel 6).

Längst fahre ich nicht mehr jede Strecke automatisch mit dem Auto. Ins acht Kilometer entfernte Büro nehme ich – jeden-

TECHNIK: DIGITALES & MOBILITÄT

falls wenn das Wetter es erlaubt – das Fahrrad. Nach Wien oder München fahre ich mit dem Zug. Das empfinde ich als großen Luxus und perfektes Blending (siehe Kapitel 3), weil ich in Ruhe lesen, rasten, arbeiten kann.

Dem Flieger von Innsbruck nach Wien, der früher zum guten Ton gehörte, habe ich längst abgeschworen. Es ist gut, dass die Tickets so viel teurer geworden sind, dass die meisten Menschen auf den Zug umsteigen. Außerdem – auch diese Erkenntnis setzt sich durch – dauert diese Reise mit dem Zug brutto nicht länger als mit dem Flieger, auch wenn ein paar Vorgestrige, die dem Fliegen einen höheren Status beimessen als dem Zugfahren, das nicht gern hören.

Auch im Sport- und Bewegungssegment haben sich technische Hilfsmittel längst ihren Platz erobert. Es gibt zahllose Geräte und Apps, die Bewegung messen und Lauf-, Rad- oder Schwimmstrecken, sogar den Kalorienverbrauch aufzeichnen. Viele davon erfüllen als Motivationsspender einen guten Zweck und belohnen aktive User auf smarte Weise. Sie informieren, melden sich unter Umständen unaufgefordert, aber motivierend zu Wort, auf dem Desktop oder im elektronischen Kalender. Sie helfen dabei, sich vom Gerät zu lösen und körperlich aktiv zu werden. Unter www.thethrivefoundation.ch versuche ich gemeinsam mit einer internationalen Gruppierung von Sportlern, Medizinerinnen und anderen Expertinnen den bedenklichen körperlichen und gesundheitlichen Auswirkungen übermäßigen Medienkonsums mithilfe digitaler Technologien etwas entgegenzusetzen. Sozusagen den Teufel mit dem Beelzebub auszutreiben. Ich freue mich auch schon auf die ersten Fitnessstudios, die Strom aus dem Betreiben der Geräte generieren werden ...

TECHNIK: DIGITALES & MOBILITÄT

Vor fünf Jahren habe ich ein Entfernungsmessgerät zum Golfspielen angeschafft, mit dem man sowohl den Abstand vom Abschlag zum Loch messen kann als auch den entsprechenden Höhenunterschied. (Achtung: Die Höhenunterschiedsmessung ist im Turnier verboten!) An die Informationen, die das Gerät lieferte, habe ich mich so schnell gewöhnt, dass ich bald das Gefühl hatte, es geht nicht mehr ohne.

Dann spielte ich in Eichenheim bei Kitzbühel eine Runde mit meinem Freund Hansi Hinterseer. Wir waren gerade auf einem Par 5-Loch, als ich für den dritten Schlag zu meinem Ball spazierte und das Weitenmessgerät an meinem Golfbag hängen ließ.

„Hansi", rief ich, „kannst du mir bitte den Weitenmesser mit runterbringen?"

„Toni", antwortete mir der Hansi, „jetzt schlägst du einmal ohne das blöde Messgerät. Du bist doch ein Gefühlsmensch. Schätz die Entfernung, mach zwei Probeschwünge, und dann ab die Post. Sei nicht so kompliziert."

Weil ich zu faul war, zu meinem Bag zurückzugehen und den Entfernungsmesser zu holen, machte ich es so, wie es mir Hansi ans Herz gelegt hatte. Bevor sich das Teil in mein Golfleben gedrängt hatte, hatte ich ja viele Jahre ohne gespielt, und das war auch gegangen.

Was dann passierte, klingt wie ein schlechter Witz: Ich machte zwei Probeschwünge, traf den Ball, und der senkte sich nach einem Flug über geschätzte 70 Meter direkt ins Loch.

Der Hansi hat sich natürlich totgelacht. Die Chance, so einen Treffer zu landen, liegt vermutlich bei 1:750. Habe ich deswegen auf mein zur Gewohnheit gewordenes Messgerät verzichtet? Natürlich nicht, vor allem auf fremden Plätzen ist er eine Riesenorientierungshilfe. Die grundsätzliche Frage bleibt: Gehen wir mit unseren Systemen spazieren oder die Systeme mit uns? Bin ich es, der die Entscheidungen trifft – oder lasse ich die Technik die Entscheidungen für mich treffen und büße dabei schleichend an Eigengefühl und G'spür ein?

Nutzen wir die Segnungen des digitalen Zeitalters ganz bewusst als Werkzeuge
– aber lassen wir uns nicht benutzen.

Wer im Spitzensport nicht über die neuesten technischen Hilfsmittel und die nötige Erfahrung im Umgang damit verfügt, ist nicht wettbewerbsfähig. Im Skispringen ist es einfach nicht mehr möglich, ohne die neuesten Druckmessplattformen, die den Trainingszustand diagnostizieren und das Sprungkrafttraining steuern, mit der Weltklasse mitzuhalten. Anzüge, Ski, Schuhe und Bindungen werden durch technologische Weiterentwicklungen wie Windkanalmessungen ständig optimiert. Bei Wettkämpfen werden Sprungweiten und Windbedingungen technologisch erfasst, mit einem Faktor für die Anlauflänge kombiniert, die Punkte der Sprungrichter addiert. Alle Werte fließen quasi in Echtzeit in die Gesamtnoten ein. Ohne diese digitalen Programme wären weder die Fairness der Wettkämpfe noch deren fernsehtaugliche Durchführung sicherzustellen.

Mein Golf-Mannschaftskollege Ralph Hasenhüttl, der in der deutschen Bundesliga und der Premier League als Fußballtrainer sehr erfolgreich gearbeitet hat, betont die Bedeutung digitaler Spielanalysen und Gegnerstudien im Trainerjob. Liverpool-Trainer Jürgen Klopp behauptet, derjenige zu sein, der sich damit am intensivsten befasst. Mit der Hilfe seiner Digitalprofis analysiert er alles – und zwar bis ins Detail: Laufwege, Kilometerleistung, Zweikampfverhalten, Abseits- und Umschaltspiel usw. Wenn du auf solche Hilfsmittel verzichtest, bist du einfach nicht mehr an der Weltspitze. So einfach ist das.

Das gilt im Profisport so oder so ähnlich für alle Sportarten. Im Tennis war es schon eine Revolution, als Ballmaschinen den Return oder Angriffsball potenzieller Gegner simulieren konnten. Bis dahin war es einfach nicht möglich gewesen, diese Schläge immer und immer wieder – ohne Ermüdung in gleichbleibender Qualität – serviert zu bekommen, bis man in der Praxis gelernt hatte, wie man am besten darauf reagieren kann. Auch beim Tischtennisspielen servieren Ballmaschinen den kleinen Ball unermüdlich und präzis, bis man den eigenen Schlag perfekt geschult hat.

Seit jeher ist der Spitzensport ein Labor der digitalen Welt. Allerdings legen wir in diesem Sektor ganz bewusst und gezielt Regeln und Begrenzungen fest, nach denen sich alle Beteiligten zu richten haben. Der einzelne Athlet, die einzelne Athletin sollen als Urheber der Leistung im Vordergrund stehen. Das Individuum soll bestimmend zu spüren sein, statt hinter der Brillanz technischer Hilfsmittel austauschbar zu werden oder zu verschwinden. Skispringen setzt seit Jahren auf ein Low-Budget-Materialreglement, damit kleine Nationen nicht finanziell abgehängt werden. Bei den millionenschweren Kamelrennen wurden in einigen arabischen Ländern erwachsene Jockeys zunächst durch leichtere Kinder ersetzt, später – nachdem diese mehr als zweifelhafte Praxis verboten worden war – durch ferngesteuerte Jockey-Roboter. Und damit bin ich bei dem Punkt, den der Spitzensport lehrt: Wenn der Mensch sich nicht selbst abschaffen will, dann sollte er bei aller Technikverliebtheit den Vorsatz fassen, die Zügel in der Hand zu behalten, der Technik Grenzen zu setzen.

Ich selbst versuche deshalb, auf gesunder Distanz zur angebotenen Technik zu bleiben, ohne dabei mein Interesse daran zu verlieren. Ich nutze Laptop und Handy als Werkzeug, lasse sie aber nicht zum Lebensinhalt werden. Ich bin sehr aufmerksam, was die Daten betrifft, die ich im Internet lasse – für mich zum Beispiel ein Grund, nicht auf WhatsApp zu kommunizieren, sondern auf anderen Plattformen, die meine Daten nicht kommerziell nutzen.

Wir argwöhnischen Babyboomer haben in dieser Hinsicht vermutlich einen versteckten Vorteil, weil wir nicht seit jeher unsere Präsenz zwischen der analogen und digitalen Welt aufteilen mussten. Ich kann nur empfehlen, die eigenen digitalen Gewohnheiten darauf zu überprüfen, wie weit wir die Systeme und Algorithmen, die unsere Gewohnheitsbildung virtuos mit Junk-Belohnungen, Likes, verführerischem Kontext und Filterblasen triggern, schon in unser Leben eingelassen haben. Andri Snær Magnason hat das so analysiert: „Der Like-Button ist ein Geniestreich unserer Generation. Er hat unseren inneren Kern gespalten, indem er sich in das menschliche Ego gehackt und eine nie gekannte Energie freigesetzt hat."

Stellen wir uns all diese Fragen offen, ehrlich und mit gutem Vorsatz. Überprüfen wir unsere Gewohnheiten, nutzen unsere Konzentrationsfähigkeit und unser kritisches Urteilsvermögen, ohne ständig auf Bewertungen zu schielen. Als noch nicht unumkehrbar hybride Wesen müssen wir den Stellenwert der Technik hinterfragen und einordnen können. Nutzen wir die Segnungen des digitalen Zeitalters ganz bewusst als Werkzeuge – aber lassen wir uns nicht von den digitalen Masterminds benutzen.

TECHNIK: DIGITALES & MOBILITÄT

Smart und trotzdem selbstbestimmt!

Zwei Methoden, der digitalen Welt sinnvoll zu begegnen

Fünf Dinge, die du in dein Leben integrieren kannst:

1
Flugtickets, Bahntickets, Eintrittskarten fürs Museum im Wallet des Handys verwalten: kein Problem mehr mit dem Zettelwerk.

2
Mit Apps wie EasyPark digital Parkscheine besorgen.

3
Mit dem digitalen Kalender arbeiten und ihn mit Mitarbeiter:innen oder der Familie teilen.

4
Sich für das Digitale Amt registrieren und per Handy an demokratischen Prozessen (Volksbegehren etc.) teilhaben.

5
Mit einer Fitness-App die Jogging-, Wander- oder Walkingaktivitäten aufzeichnen, bis sie zur lieben Gewohnheit geworden sind.

Fünf Dinge, an die du dich halten solltest:

1
Kein Handy im Schlafzimmer – und du wirst besser schlafen.

2
Kein Handy am Esstisch – und es wird wieder mehr gesprochen und das Essen genossen.

3
Die tägliche Social-Media-Zeit auf maximal 45 Minuten beschränken.

4
So wenig und so kurz wie möglich mit dem Handy telefonieren (so lautet auch eine der offiziellen Empfehlungen der Ärztekammer zur Verringerung der Strahlenbelastung).

5
Abends und am Wochenende den Flugmodus einschalten, damit du nicht in Versuchung kommst, Mails und Arbeitsinfos zu checken.

KAPITEL 12

GUTE NACHT!

Warum Tiefschlaf so wichtig für uns ist und wie wir ihn durch gute Gewohnheiten verbessern können

SCHLAF

Wer über guten Schlaf nachdenkt, muss auch über Gewohnheiten und Rhythmen nachdenken. Denn guter Schlaf ist eng verbunden mit den Gewohnheiten und Rhythmen, die unseren Tag und unser tägliches Leben prägen.

Schlaf ist ein Phänomen, bei dem wir mit Willenskraft oder guten Vorsätzen überhaupt nichts ausrichten können. Wenn ich in der Nacht aufwache und nicht einschlafen kann, nützt mir die Willenskraft, die mich beim Radfahren vielleicht noch den letzten Kilometer bergauf treibt, rein gar nichts. Im Gegenteil: Je verzweifelter ich mich zum Einschlafen zwingen will, desto wacher werde ich.

Das hat Gründe, die im Wesen unseres vegetativen Nervensystems, dem Dialog von Sympathikus und Parasympathikus, verborgen liegen. Wenn ich meinen Willen einschalte, aktiviere ich automatisch den sympathischen Modus, während ich für den Schlaf den Parasympathikus brauche, der dafür verantwortlich ist, dass ich loslasse, mich behaglich fühle. Allerdings hat die Qualität des Schlafs mit ihren basalen Auswirkungen enormen Einfluss auf unsere Anpassungskapazität und die Fähigkeit, Vorsätze zu realisieren. Guter Schlaf ist sowas wie der Treibstofflieferant. Wissen und Wille allein genügen nicht, wenn die Batterie leer ist. Daher ergibt der Vorsatz, sich langfristig um seine Schlafqualität zu kümmern, wirklich viel Sinn.

Wir haben uns mit dem Thema schon vor langer Zeit beschäftigt, zum Beispiel, als ich 1992 als Nationaltrainer mit den Skispringern zu den Olympischen Spielen in Albertville gefahren bin. Wir hatten in der Vorbereitung auf den V-Stil umgestellt und natürlich alle körperlichen Möglichkeiten ausgereizt und sehr viel und klug trainiert. Aber bekanntlich tritt der Trainingseffekt, die Überkompensation nur ein, wenn auch die Regeneration entsprechend funktioniert.

Also haben wir daran gearbeitet, auch die Erholung zu optimieren. Im internationalen Sport ist es ja immer ein Thema, dauernd unterwegs zu sein, also ununterbrochen in anderen Betten schlafen zu müssen. Viele sehnen sich danach, nicht nur ausnahmsweise im eigenen Bett schlafen zu können. Dieses Gefühl stammt natürlich daher, dass man sich im gewohnten Bett wohlfühlt, geschützt vorkommt und daher am besten loslassen und sich erholen kann.

Wir haben also zuerst das Quartier angemietet – nicht im Olympischen Dorf, sondern in einer Jugendherberge und uns dann für die dort zur Verfügung stehenden Bettrahmen Pro-Natura-Matratzen nach Maß anfertigen lassen, die extra auf die Bedürfnisse leichter Skispringer (alias Prinzen auf der Erbse) ausgelegt waren. Diese Matratzen haben die Burschen dann mit nach Hause bekommen und sie auf ihre Betten gelegt, um sich daran zu gewöhnen.

Als wir dann nach Albertville fuhren, konnte sich jeder Athlet auf sein Bett mit der gewohnten Matratze freuen, ein eigener Transporter hatte sie schon angeliefert – das gab ihnen von Anfang an ein Gefühl der Vertrautheit und Gewohnheit. Entsprechend gut haben sie geschlafen, nebenbei hatten sie das Gefühl, gegenüber der Konkurrenz einen kleinen Vorteil zu haben. Am Ende gewann unser Team fünf olympische Medaillen. Motto: „Wie man sich bettet, so fliegt man."

Schlaf spielte für uns eine extrem wichtige Rolle. Auch deshalb, ich habe es schon erwähnt, weil wir oft mit weiten Reisen und

Die beste Zeit zum Schlafen: der Powernap nach dem Mittagessen.

Ob im Sitzen, auf einem Brett liegend oder auf dem Sofa:

Der Powernap liefert dir einen Energievorrat für einen erfrischten Nachmittag.

Zeitumstellungen konfrontiert sind. Das hat uns natürlich schon vor der Abreise beschäftigt, wir haben unterschiedliche Dinge ausprobiert.

Manchmal haben wir mit Melatonin gearbeitet, einem Medikament, das nicht auf der Dopingliste steht und das hilft, die Anpassung an die neue Zeitzone zu beschleunigen. Aber meinen persönlichen Durchbruch im Umgang mit dem gesunden Schlaf habe ich erst viel später erreicht, während der Pandemie, als ich das Buch „Die Tiefschlaf-Formel" von Chris Surel entdeckt habe.

Auf dem Programm standen 2022 die Olympischen Spiele in Peking, zu denen ich als ZDF-Experte reiste. Ich hatte ein bisschen Schiss, weil in China noch härtere Corona-Restriktionen als bei uns herrschten und niemand genau einschätzen konnte, was passieren würde, wenn man sich tatsächlich das Virus einfinge. Dazu kamen die extreme Kälte vor Ort – es wurde selten wärmer als minus zwanzig Grad – und die Anpassung an unmögliche, weil auf US-amerikanische Sehergewohnheiten abgestellte Übertragungszeiten. Wir wussten, dass wir selten vor zwei Uhr früh Ortszeit ins Bett kommen würden, und ich überlegte mir intensiv, wie ich das mit meinen gewohnten Abläufen in Übereinstimmung bringen sollte, damit ich halbwegs fit bliebe.

Ich begann also wieder einmal, mich mit dem Thema Schlaf auseinanderzusetzen. Diesmal genügten mir aber nicht die rudimentären Erfahrungen aus grauer Vorzeit, sondern ich begann, mich mit den neuesten Erkenntnissen der Schlafforschung zu beschäftigen.

Und so stieß ich auf das besagte Buch von Chris Surel. Ich erfuhr, dass die moderne Forschung den Schlaf nicht mehr als Ganzes betrachtet, sondern ihn in etwa eineinhalbstündige

Schlafsegmente einteilt. Dazu gehören neben der Tiefschlafphase eine Vor-Tiefschlafphase und die bekannte Traumphase mit dem Rapid Eye Movement (REM), nicht zu verwechseln mit der Tiefschlafphase.

Die vielleicht wichtigste Erkenntnis bestand darin, dass die Phase der ersten eineinhalb Stunden, wenn wir in den Tiefschlaf sinken, die wertvollste und regenerativ ergiebigste ist. Grund dafür: In diesen ersten eineinhalb Stunden beträgt der Anteil des Tiefschlafs 30 bis 40 Minuten. Das Gehirn schaltet dann auf einen autonomen Verarbeitungsmodus, der aber nur funktioniert, wenn wir tatsächlich im Tiefschlaf sind. Diese Phase des Tiefschlafs ist für unsere Erholung am wertvollsten, wie Surel erklärt: „Wachsein ist biochemisch gesehen eine Form von Gehirnschädigung auf niedrigem Level; das macht aber nichts, weil der Tiefschlaf diese Schädigung heilt. Regelmäßiger und ausreichender Tiefschlaf hilft, das Gehirn sauber und leistungsfähig zu halten, und ist eine natürliche Methode, um das Demenz- und Alzheimerrisiko zu senken."

Das Erstaunliche an den zumindest für mich neuen Erkenntnissen ist, dass wir nach eineinhalb Stunden wirklich tiefem Schlaf bereits einen großen Teil unserer Erholung bekommen haben. Das bedeutet, es ist gar nicht mehr so wichtig, was im Rest der Nacht passiert. Denn der Anteil an Tiefschlaf wird in den späteren eineinhalbstündigen Schlafsegmenten prozentual immer kleiner.

Für mich hat dieses Wissen etwas Beruhigendes. Denn es gibt dir auch dann, wenn du einmal nach drei Stunden Schlaf wieder hellwach daliegst, die Gewissheit, dass du am nächsten Tag nicht auf dem Zahnfleisch daherkommen wirst. Denn ein guter Teil

SCHLAF

der Erholung ist bereits passiert, die geheimnisvolle Putzkolonne im Gehirn hat schon fast ganze Arbeit geleistet.

Nun ist es ja beim Bewältigen von Jetlags und Zeitunterschieden ein Klassiker, dass wir zwar todmüde einschlafen, aber genau zu dem Zeitpunkt, zu dem zu Hause aufwachen würden, plötzlich wach im Bett liegen, auch wenn es mitten in der Nacht ist.

Mich hat das viele Jahre lang unruhig gemacht. Ich wusste, ich sollte jetzt schlafen, damit ich am nächsten Tag auch wieder fit sein würde, wälzte mich aber im Bett herum und war mir sicher, dass ich am nächsten Tag total erledigt sein würde.

Das Wissen um die Abfolge der Schlafzyklen hilft in so einem Fall sehr. Die Gewissheit, dass ein guter Teil der Erholung nach den ersten eineinhalb Stunden tiefem Schlaf schon geschafft ist, trägt dazu bei, sich zu beruhigen, was wiederum die Chance steigert, wieder einschlafen zu können. Ein bisschen Gelassenheit und Entspannung bringen den Parasympathikus ins Spiel, der dazu beitragen kann, dass wir tatsächlich noch einmal wegdämmern und ein, zwei zusätzliche Schlafzyklen konsumieren, was sich insgesamt natürlich günstig auswirkt.

Ausgeschlafen und regeneriert zu sein, ist ein unbeschreibliches As, das wir im Ärmel haben können. Ausgeschlafen zu sein, bedeutet, Spannkraft zu haben und sich dem Leben und seinen Herausforderungen stellen zu können, all sein Wissen und Können besser auf die Reihe zu bringen. Nicht ausgeschlafen zu sein, hat zur Folge, dass uns schnell einmal alles über den Kopf wächst, uns alle möglichen ungeordneten Szenarien bedrücken, weil unsere intuitive Selbstregulation stottert. Zuversicht und Lebensfreude leiden, diffuse Ängste gewinnen die Oberhand, und herausfordernde Entscheidungen scheinen über unsere verfügbaren Kräfte zu gehen.

Ich bin inzwischen auf Reisen fast wie ein Taucher ausgerüstet, um auf jeden Fall zu dem für mich nötigen Tiefschlaf zu kommen, auch wenn ich von Hotel zu Hotel, von Absteige zu Absteige reise. Ich habe eine dunkle Mütze, die ich mir über die Augen ziehen kann, ich besitze Schlafbrillen, wie man sie auf Interkontinentalflügen immer bekommt – die haben tatsächlich einen Sinn, weil Licht der größte Trigger ist, um den Organismus ans Aufwachen zu erinnern. Leider reagieren wir auch auf Kunstlicht.

Außerdem habe ich mir eigens Ohrenstöpsel anfertigen lassen, weil ich zu den Typen gehöre, die ziemlich lärmempfindlich sind. Die verwende ich auch zu Hause, weil das Inntal mit seinem LKW-, Auto-, Zug- und Flugverkehr eine lärmbelastete Gegend ist – ganz abgesehen von den Kirchenglocken, die aus gutem Glauben und alter Tradition, aber leider unnötig laut geläutet werden. Aber das ist eine andere Geschichte. Aus medizinischer Perspektive ist die wachsende Lärmbelastung jedenfalls das neue Passivrauchen.

Das Hüten meines Schlafs ist inzwischen zu einer Art Herausforderung geworden. Ich bin zwar kein hypochondrisches Sensibelchen, aber trotzdem sehr hellhörig und freue mich diebisch, wenn es mir gelingt, auch unter schwierigen Umständen gut zu schlafen. Ich achte darauf, wo ich schlafe, wechsle manchmal, wenn ich weiß, dass am nächsten Tag ein großes Ortsfest die Böllerschützen schon um fünf Uhr früh umtreiben wird, den Schlafbereich im Haus, um auch unter diesen speziellen Bedingungen zu meinem Schlaf und meiner Regeneration zu kommen.

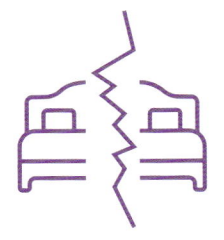

Schlechte Nachricht für
Doppelbettbenutzerinnen:

Für empfindliche Menschen ist es eindeutig besser, allein in einem Zimmer zu schlafen.

Führt übrigens nicht nur zu einem erholsameren Schlaf, sondern sorgt auch für eine bessere Partnerschaft.

Nicht nur unsere Schlafrituale sind Gewohnheit. Viele unserer Gewohnheiten haben Auswirkungen auf unseren Schlaf. Der Körper fühlt sich im Liegen viel wohler, wenn man sich vorher ausgiebig bewegt hat und entsprechend müde ist. Das Liegen ist dann eine Belohnung für die Muskulatur, für den ganzen Stützapparat, man spürt es deutlich. Die Selbstregulation läuft runder, wenn man sich tagsüber körperlich ein wenig gefordert (aber eben nicht überfordert) oder einen Verdauungsspaziergang gemacht hat.

Natürlich spielen auch Essen und Trinken eine Rolle. Die Auswirkungen dessen, was, wie viel, wie und wann wir gegessen haben, zahlen in die Schlafqualität ein. Es ist besser, früh zu Abend zu essen, und zwar nicht allzu viel. Schweres Essen macht müde. Es ist, ähnlich wie Alkohol, gut fürs fürs Einnicken, aber keinesfalls für den gesunden Tiefschlaf, weil die bald einsetzende Verdauung die unterschiedlichen Schlafphasen beeinträchtigt.

Was tun, wenn du kurz vor dem Schlafengehen nochmal Hunger bekommst? Chris Surels Empfehlung: Ein paar Nüsse oder ein Löffel Mandelmus verhindern, dass wir um drei in der Früh mit einem Bärenhunger aufrecht im Bett sitzen – und stören den Tiefschlaf trotzdem nicht. Ich vermeide es auch, abends literweise Bier oder Tee zu trinken, weil ich sonst in der Nacht zwei-, dreimal aufstehen muss, um auf die Toilette zu gehen. Falls das trotzdem mal so ist, macht es mir nicht allzu viel aus, weil ich weiß, dass mein Schlaf durch diese Unterbrechungen nicht vollständig ruiniert ist.

Das nächste wichtige Thema ist der Zeitpunkt des Aufstehens. Den habe ich jetzt in Reihenversuchen, die fast ein Jahr gedauert haben, für mich herausgefunden. Er hat einerseits mit dem Licht zu tun, andererseits mit den persönlichen Vorlieben. Für mich passt es am besten, im Sommer gegen sieben aufzustehen, im Winter vielleicht eine halbe Stunde später. Daran versuche ich mich zu halten, denn natürlich zählt auch das regelmäßige Aufstehen zu den Gewohnheiten, die für unser Leben hilfreich sind.

Das Interessante dabei: Es ist zwar wichtig, täglich um dieselbe Zeit aufzustehen, bedeutet aber nicht, dass man danach nicht noch einmal weiterschlafen darf. Wenn du zum Beispiel aus irgendwelchen Gründen sehr spät ins Bett gekommen bist und das Gefühl hast, ausschlafen zu müssen, lass dich trotzdem zum üblichen Zeitpunkt wecken, steh auf, trink nach dem Toilettengang ein halbes Glas Wasser und iss vielleicht ein kleines Stück Brot; dann kannst du dich aber wieder ins Bett legen und noch einmal eineinhalb Stunden schlafen.

Der Körper hat auf diese Weise das Signal bekommen, dass du dich an das Programm hältst und dass er seinen Rhythmus aufrechterhalten soll. Das ist deshalb wichtig, weil dieser Rhythmus sonst durcheinandergebracht wird.

Interessant ist in diesem Zusammenhang das Phänomen des *Social Jetlag*. Es ist ein verbreiteter Irrtum, dass wir nach einer arbeitsreichen Woche am Wochenende Schlaf aufholen und viel länger schlafen sollten. Diese schlechte Gewohnheit provoziert im Körper ähnliche Irritationen wie ein Wochenendflug nach New York – auch der bringt unsere innere biologische Uhr aufgrund der Zeitumstellung empfindlich durcheinander. Unsere Einschlaf- und Aufwachzeitpunkte nach Möglichkeit konstant zu halten, stabilisiert unsere Fähigkeit, den Segen des Tiefschlafs zu nutzen und zu ernten. Denn viele Stunden zu schlafen, bedeutet nicht automatisch, dass Qualität und Effekt des Tiefschlafs gegeben sind. Ist dieses biologische Wiedererneuerungsprogramm aber über längere Zeit massiv gestört, ist es um unsere Regeneration geschehen. Dann regenerieren wir uns zusehends schlechter, unsere Arbeitsleistung und die Stressresistenz sinken bedenklich, im schlimmsten Fall winkt ein Burn-out. Im Zweifelsfall bringt die Konsultation eines Schlafmediziners Klarheit.

Ohne erholsamen Schlaf besteht die Gefahr, dass auch all die anderen Themen, die ich in diesem Buch angesprochen habe, in weite Ferne rücken. Gesunder, regelmäßiger Schlaf ist die Grundlage dafür, dass wir anpacken, dranbleiben und den inneren Schweinehund täglich verjagen können.

Es gibt im Spitzensport inzwischen das Credo, dass die Belastungsgrenzen der Athletinnen und Athleten dank moderner Trainingswissenschaften ausgereizt sind. Deshalb arbeitet man umso entschlossener an möglichst effektiver Regeneration. Der Schlaf steht dabei an erster Stelle. Es gibt aber ein paar zusätzliche Möglichkeiten, mit denen wir die Regeneration fördern können.

Eine davon ist das *Powernapping,* ein kurzer Mittagsschlaf, den ich seit Jahren in meinen Tagesablauf eingebaut habe. Darauf gebracht hat mich einer meiner Bregenzerwälder Schulkollegen, Michael Kaufmann aus Reuthe, ein erfolgreicher Zimmermann, Tischler und Unternehmer. Er hat mir bei einem Seminar erzählt, dass er seit seiner Hauptschulzeit täglich 20 Minuten lang Mittagsschlaf macht, egal, wo. In seinem Büro, auf einem Bretterstoß in der Werkstatt, auf der Ofenbank, völlig egal.

Und das habe ich auch gelernt. Ich kann im Sitzen powernappen, vornübergebeugt, auf einem Brett liegend, in jeder Lebenslage. Dieses 20-Minuten-Ritual beginnt klassisch nach dem

SCHLAF

Mittagessen. Meine Energie rinnt davon, sie darf das in diesem Moment. Mit verdunkelten Augen – und wenn nötig mit Baustellen-Gehörschutz – geht's in die Horizontale, wo auch immer. Danach bin ich erfrischt, fit und bis in den Abend hinein besser belastbar. Es fällt mir eindeutig leichter, mich zu konzentrieren. Ich bin voller Energie, als wäre ich an eine Ladestation angeschlossen gewesen.

Ein Geheimnis der Wirkung des Mittagsschlafs ist seine Struktur und Kürze. Wir dürfen dabei nicht in die Tiefschlafphase eintreten, denn dann verkehrt sich der Effekt ins Gegenteil. Du hast sicher schon davon gehört, dass der Mittagsschläfer einen Schlüsselbund in die Hand nimmt, bis er einschläft. Sobald ihm der Schlüsselbund aus der Hand rutscht und auf den Boden prallt, weckt ihn das Geräusch wieder auf. Das verhindert den Übergang vom Vor-Tiefschlaf in den Tiefschlaf.

Ein weiterer wichtiger Effekt der Entlastung beim Powernap entsteht durchs Liegen. Es empfiehlt sich, die Füße auf der gleichen Höhe zu haben wie den Kopf, denn das entlastet die Pumparbeit des Kreislaufs, und die Bandscheiben können sich erholen. Nach der ersten kurzen Phase ist wieder Schluss. Ohne nachzudenken stehe ich dann sofort wieder auf.

Der Powernap ist für mich eine so liebe Gewohnheit geworden, dass ich spüre, ich brauche meinen Mittagsschlaf genauso wie der Raucher seine Zigarette. Das bedeutet aber auch, dass er mir wirklich fehlt, wenn ich ihn aus irgendeinem Grund nicht bekomme, was manchmal durchaus zu sozialen Kollisionen führen kann. Wenn solche Situationen absehbar sind, nutzt es mir, weniger zu essen und meinem Kreislauf mit einem Espresso auf die Sprünge zu helfen.

Guter, erholsamer Schlaf ist also die Summe vieler individueller Gewohnheiten. In einer Partnerschaft gilt das zwangsläufig für beide. Oberste Maxime ist: Man soll sich beim Schlafen nicht stören. Wenn die Partner unterschiedliche Tiefschlaf-Rhythmen haben, kann sich eine durchgehende gemeinsame Matratze als ungünstig erweisen, weil man darauf jede Bewegung des oder der anderen spürt, jedenfalls, wenn man ein bisschen sensibel ist (ich spreche, wie nicht anders zu erwarten, aus eigener Erfahrung).

Getrennte Matratzen und getrennte Decken können für den guten Schlaf also durchaus von Vorteil sein. Wenn einer der Partner schnarcht – meistens sind es die Männer –, ist das für empfindliche Menschen eine Belastung und ein Störfaktor für den eigenen Schlaf. Dann kommt es nicht nur der und dem Einzelnen, sondern auch der Partnerschaft zugute, wenn man sich für getrennte Schlafzimmer entscheidet. Es ist statistisch erwiesen, dass hochsensible Menschen bessere Partnerschaften führen, wenn sie getrennt schlafen. Denn es ist bei aller Liebe besser, ausgeschlafene Partnerinnen oder Partner zu haben, statt solche, die aus Loyalität im gemeinsamen Schlafzimmer bleiben, aber schlecht schlafen und darunter leiden.

SCHLAF

Immer zur selben Zeit!

Die fünf wichtigsten Tipps für einen besseren Schlaf

1
Steh täglich um dieselbe Zeit auf.
Keine Ausnahmen. Bist du zu spät ins Bett gegangen, steh trotzdem zu deiner gewohnten Zeit auf, mach kurz das Licht an, trink einen Schluck Wasser und leg dich dann wieder schlafen.

2
Schlaf am Wochenende nicht länger als unter der Woche.
Denn wir können nicht auf Vorrat schlafen. Zu langer Schlaf beschert uns lediglich einen Mini-Jetlag.

3
Nimm das Handy nicht mit ins Schlafzimmer.
Und fahre abends die Farbtemperatur auf weniger blaues Licht herunter.

4
Stelle dich nicht von heute auf morgen auf die Sommer- oder Winterzeit um.
Sondern nähere dich der Zeitumstellung schon eine Woche vorher in Fünf-Minuten-Schritten an, um die Rhythmusänderung behutsam einzuschleifen.

5
Sag deinem Kopf Gute Nacht.
Wenn dein Gehirn nicht abschalten kann, sag ihm verständnisvoll: „Erstaunlich, was dir alles einfällt! Ich kümmere mich gerne morgen darum. Jetzt beobachte ich meine Atmung!"

Literaturverzeichnis

APOLIN, Martin: Mach das! Die ultimative Physik des Abnehmens. Ecowin, 2014.

BAUER, Joachim: Prinzip Menschlichkeit. Warum wir von Natur aus kooperieren. Heyne TB, 2008.

BECK, Frieder: Bewegung macht schlau: Mentale Leistungssteigerung durch körperliche Aktivität. Goldegg, 2021.

BECK, Frieder: Sport macht schlau. Mit der Hirnforschung zu geistiger und sportlicher Höchstleistung. Goldegg, 2014.

BIDDULPH, Steve: Männer auf der Suche. Sieben Schritte zur Befreiung. Heyne TB, 2003.

BIRBAUMER, Niels/ZITTLAU, Jörg: Dein Gehirn weiß mehr, als du denkst. Neueste Erkenntnisse aus der Hirnforschung. Ullstein, 2012.

BLY, Robert: Eisenhans. Ein Buch über Männer. Rowohlt TB, 2005.

BOSSART, Yves: Trotzdem lachen. Eine kurze Philosophie des Humors. Blessing, 2022.

BOURDIEU, Pierre: Über das Fernsehen. Suhrkamp, 1998.

BROCKMAN, John (Hsg.): Was macht uns schlauer? Die führenden Wissenschaftler unserer Zeit über neue Strategien, unser Wissen zu erweitern. Fischer TB, 2012.

BRODNIG, Ingrid: Einspruch! Verschwörungsmythen und Fake News kontern – in der Familie, im Freundeskreis und online. Brandstätter, 2023.

BUCHMANN, Knud Eike: Die Kunst der Gelassenheit. Im Alltag aus der Mitte leben. Herder, 1994.

BÜRGER, Hans: Selbstverständlich ist nichts mehr. Sinnfindung in Zeiten von Arbeitsverknappung, künstlicher Intelligenz und Pandemien. Braumüller, 2020.

BUTOLLO, Willi: Die Angst ist eine Kraft. Über die aktive und kreative Bewältigung von Alltagsängsten. F. A. Herbig, 2015.

CHARGAFF, Erwin: Aussichten aus dem 13. Stock. Neue Essays. Klett-Cotta, 1998.

COLVIN, Geoff: Talent is Overrated. What Really Separates World-Class Performers from Everybody Else. Nicholas Brealey Publishing, 2019.

CUBE, Felix von: Fordern statt Verwöhnen. Die Erkenntnisse der Verhaltensbiologie in der Erziehung. Piper TB, 1999.

DE SAINT-EXUPÉRY, Antoine: Der kleine Prinz. Anaconda, 2019.

DENEEN, Patrick J.: Warum der Liberalismus gescheitert ist. Müry Salzmann, 2019.

EBERSPÄCHER, Hans: Ressource Ich. Stressmanagement in Beruf und Alltag. Hanser, 2009.

ERIKSON, Thomas: Hilfe, Psychopathen! Wie wir uns gegen schwierige Menschen behaupten. Knaur, 2021.

EYAL, Nir: Hooked. Wie Sie Produkte erschaffen, die süchtig machen. Redline, 2014.

LITERATURVERZEICHNIS

FELDENKRAIS, Moshé: Die Entdeckung des Selbstverständlichen. Suhrkamp TB, 1987.

FÖRSTER, Anja/KREUZ, Peter: Hört auf zu arbeiten! Eine Anstiftung, das zu tun, was wirklich zählt. Pantheon, 2013.

FRANK, Gunter/STORCH, Maja: Die Mañana-Kompetenz. Wer Pausen macht, hat mehr vom Leben. Piper TB, 2021.

FRISCHENSCHLAGER, Erich/GOSCH, Johannes: 7 Key Facts. So steigern Sie Ihre Lebensqualität. Ueberreuter, 2016.

GEBAUER, Gunter: Wie wird man ein Mensch? Anthropologie als Grundlage der Philosophie. Transcript, 2020.

GERNHARDT, Robert: Vom Schönen, Guten, Baren. Fischer TB, 2007.

GLADWELL, Malcolm: Tipping Point. Wie kleine Dinge Großes bewirken können. Goldmann TB, 2016.

GLADWELL, Malcolm: Überflieger. Warum manche Menschen erfolgreich sind – und andere nicht. Piper TB, 2010.

GOTTWALD, Felix: Ein Tag in meinem Leben. Felix Gottwald Edition, 2010.

GRÜN, Anselm: Das kleine Buch vom wahren Glück. Herder, 2001.

GRÜN, Anselm: Spiritualität von unten. Vier-Türme-Verlag, 2004.

HALLER, Reinhard: Nie mehr süchtig sein. Leben in Balance. Ecowin, 2017.

HALLER, Reinhard: Das Wunder der Wertschätzung. Wie wir andere stark machen und dabei selbst stärker werden. Gräfe und Unzer TB, 2021.

HANSEN, Dörte: Altes Land. Penguin, 2018.

HARARI, Yuval Noah: Eine kurze Geschichte der Menschheit. DVA, 2019.

HARARI, Yuval Noah: 21 Lektionen für das 21. Jahrhundert. C.H.Beck, 2021.

HARARI, Yuval Noah: Homo Deus. Eine Geschichte von Morgen. C.H.Beck, 2023.

HARRISON, Robert Pogue: Ewige Jugend. Eine Kulturgeschichte des Alterns. Hanser, 2015.

HEIDINGER, Reinhold/ENGEL, Erika: Bewegung plus. Zu mehr Fitness von Körper und Geist. Tredition, 2021.

HENGSTSCHLÄGER, Markus: Die Lösungsbegabung. Gene sind nur unser Werkzeug. Die Nuss knacken wir selbst! Ecowin, 2021.

HENSLER, Angelika: Mut zum Singen. Books on Demand, 2020.

HERRIGEL, Eugen: Zen in der Kunst des Bogenschießens. O.W. Barth, 2010.

HESSE, Hermann: Siddhartha. Suhrkamp TB, 1974.

HOLIDAY, Ryan: In der Stille liegt dein Weg. FinanzBuch, 2021.

HORX, Matthias: Die Hoffnung nach der Krise. Wohin die Welt jetzt geht oder Wie Zukunft sich immer neu erfindet. Econ, 2021.

HÜTHER, Gerald: Bedienungsanleitung für ein menschliches Gehirn. Vandenhoeck & Ruprecht, 2016.

HÜTHER, Gerald: Was wir sind und was wir sein könnten. Ein neurobiologischer Mutmacher. Fischer TB, 2017.

HÜTHER, Gerald: Raus aus der Demenz-Falle! Wie es gelingen kann, die Selbstheilungskräfte des Gehirns rechtzeitig zu aktivieren. Goldmann TB, 2019.

LITERATURVERZEICHNIS

INNAUER, Toni: Am Puls des Erfolgs. CSV, 2010.

INNAUER, Toni: Der kritische Punkt. Mein Weg zum Erfolg (Neuauflage). CSV, 2010.

INNAUER, Toni: Die 12 Tiroler. Bewegung von den Tieren lernen. Zwölf Übungen für Körper und Seele. CSV, 2020.

JEFFERS, Susan: Selbstvertrauen gewinnen. Die Angst vor der Angst verlieren. Kösel, 2017.

JUPITER, Elisabeth: Die Angst vor Jakob. Psychotherapeutische Geschichten. Picus, 2012.

KAGGE, Erling: Stille. Ein Wegweiser. Insel, 2017.

KAHNEMAN, Daniel: Schnelles Denken, langsames Denken. Siedler, 2012.

KASTNER, Heidi: Dummheit. Kremayr & Scheriau, 2021.

KAUFMANN, Michael/PIENDL, Stefan: Das Wunder von Caracas. Wie José Antonio Abreu und El Sistema die Welt begeistern. Irisiana, 2011.

KNAPP, Natalie: Kompass neues Denken. Wie wir uns in einer unübersichtlichen Welt orientieren können. Rowohlt TB, 2013.

KNECHT, Doris: Eine vollständige Liste aller Dinge, die ich vergessen habe. Hanser, 2023.

KREUTZ, Gunter: Warum Singen glücklich macht. Psychosozial-Verlag, 2014.

LATRITSCH-KARLBAUER, Andrea: Wer geht, gewinnt. Wie Ihr Gehen Ihr Handeln bestimmt. Goldegg, 2014.

LENK, Hans: Eigenleistung. Plädoyer für eine positive Leistungskultur. Edition Interfrom, 1983

LENK, Hans: Die achte Kunst. Leistungssport – Breitensport. Edition Interfrom, 1985.

LIESSMANN, Konrad Paul: Theorie der Unbildung. Die Irrtümer der Wissensgesellschaft. Piper TB, 2008.

LIESSMANN, Konrad Paul: Geisterstunde. Die Praxis der Unbildung: Eine Streitschrift. Piper TB, 2016.

LORENZ, Konrad: Der Abbau des Menschlichen. Piper, 1983.

LORENZ, Konrad: Das sogenannte Böse. Zur Naturgeschichte der Aggression. dtv TB, 1998.

MACEDONIA, Manuela: Beweg dich! Und dein Gehirn sagt Danke. Wie wir schlauer werden, besser denken und uns vor Demenz schützen. Brandstätter, 2018.

MACEDONIA, Manuela: Iss dich klug! Und dein Gehirn freut sich. Ecowin, 2021.

MAGNASON, Andri Snær: Wasser und Zeit. Eine Geschichte der Zukunft. Insel TB, 2021.

MEDICUS, Gerhard: Was uns Menschen verbindet. Angebote zur Verständigung zwischen Natur-, Kultur- und Geisteswissenschaften. VWB, 2020.

MESCHIK, Lukas: Einladung zur Anstrengung. Wie wir miteinander sprechen. Limbus, 2021.

NEIMAN, Susan: Moralische Klarheit. Leitfaden für erwachsene Idealisten. Hamburger Edition, 2013.

NEIMAN, Susan: Warum erwachsen werden? Eine philosophische Ermutigung. Hanser Berlin, 2015.

NERBURN, Kent: Von Mann zu Mann. Beste Wünsche von deinem Vater. Beust, 2001.

LITERATURVERZEICHNIS

NEUHAUSER, Adele: Ich war mein größter Feind. Autobiografie. Brandstätter, 2017.

OTT, Ulrich: Meditation für Skeptiker. Ein Neurowissenschaftler erklärt den Weg zum Selbst. O. W. Barth, 2010.

PARLOW, Georg: Zart besaitet. Selbstverständnis, Selbstachtung und Selbsthilfe für hochsensible Menschen. Festland, 2015.

PATSCH, Inge/SCHMIDT Sebastian J.: Mehr als glücklich. Den Sinn des Lebens entdecken mit Viktor E. Frankl. Topos, 2016.

PATSCH, Inge: Mich in meinem Leben finden. Ein Wegweiser mit Impulsen von Viktor E. Frankl und Ignatius von Loyola. Tyrolia, 2019.

PÉPIN, Charles: Die Schönheit des Scheiterns. Kleine Philosophie der Niederlage. Hanser, 2017.

PERLS, Frederick S.: Das Ich, der Hunger und die Aggression. Die Anfänge der Gestalttherapie. Klett-Cotta, 2006.

PETKOVIĆ, Andrea: Zwischen Ruhm und Ehre liegt die Nacht. Kiepenheuer & Witsch, 2020.

PLATZGUMER, Hans: Willkommen in meiner Wirklichkeit. Milena, 2019.

POSTMAN, Neil: Wir amüsieren uns zu Tode. Urteilsbildung im Zeitalter der Unterhaltungsindustrie. Fischer TB, 1988.

PRECHT, Richard David: Jäger, Hirten, Kritiker. Eine Utopie für die digitale Gesellschaft. Goldmann, 2018.

REICHHOLF, Josef H.: Warum wir siegen wollen. Der sportliche Ehrgeiz als Triebkraft in der Evolution des Menschen. Fischer TB, 2009.

ROLINSKI, Klaus: Über die Notwendigkeit einer zweiten Aufklärung. Zu Entscheidungsprozessen politischer Entscheidungsträger im Lendenschurz. VWB, 2017.

RUSBRIDGER, Alan: Play it again. Ein Jahr zwischen Noten und Nachrichten. Secession, 2015.

SCHETT, Barbara: Ich bin, was ich bin. Egoth, 2022.

SCHMID, Wilhelm: Glück. Alles, was Sie darüber wissen müssen, und warum es nicht das Wichtigste im Leben ist. Insel, 2007.

SCHMID, Wilhelm: Mit sich selbst befreundet sein. Von der Lebenskunst im Umgang mit sich selbst. Suhrkamp TB, 2007.

SCHMID, Wilhelm: Gelassenheit. Was wir gewinnen, wenn wir älter werden. Insel, 2014.

SCHÖNBURG, Alexander von: Die Kunst des lässigen Anstands. 27 altmodische Tugenden für heute. Piper, 2018.

SLOTERDIJK, Peter: Die Reue des Prometheus. Von der Gabe des Feuers zur globalen Brandstiftung. Suhrkamp, 2023.

SPACKMAN, Kerry/TYRVAINEN, Sabine: The Winner's Bible. Das Geheimnis erfolgreicher und glücklicher Menschen. Goldegg, 2018

SPECHT, JULE: Charakterfrage. Wer wir sind und wie wir uns verändern. Rowohlt TB, 2018.

SPITZER, Martin/WULF, Bertram: Braintertainment. Expeditionen in die Welt von Geist und Gehirn. Suhrkamp TB, 2008.

SPITZER, Manfred: Digitale Demenz. Wie wir uns und unsere Kinder um den Verstand bringen. Droemer TB, 2014.

LITERATURVERZEICHNIS

STAHL, Stefanie: Das Kind in dir muss Heimat finden. Der Schlüssel zur Lösung (fast) aller Problem. Kailash TB, 2015.

SUREL, Chris: Die Tiefschlaf-Formel. Voller Energie – ohne eine Minute länger zu schlafen. Herder, 2021.

SUTTER, Matthias: Die Entdeckung der Geduld – Ausdauer schlägt Talent. Ecowin, 2018.

TALEB, Nassim Nicholas: Das Risiko und sein Preis. Skin in the Game. Penguin, 2018.

TÄUBER, Marcus: Falsch gedacht! Wie Gedanken uns in die Irre führen – und wir mit mentaler Intelligenz zu wahrer Stärke gelangen. Goldegg, 2021.

TAYLOR, Jill B.: Mit einem Schlag. Wie eine Hirnforscherin durch ihren Schlaganfall neue Dimensionen des Bewusstseins entdeckt. Knaur MensSana TB, 2021.

THALER, Richard H./SUNSTEIN, Cass R.: Nudge. Wie man kluge Entscheidungen anstößt. Econ, 2022.

WACQUANT, Loïc: Leben für den Ring. Boxen im amerikanischen Ghetto. Herbert von Ahlem, 2003.

WEILHARTER, Fritz: Die neue Elite. Warum Kindern ohne Smartphone die Zukunft gehört. Edition a, 2021.

WELTZIEN, Diane von: Rituale neu erschaffen. Elemente gelebter Spiritualität. Schirner, 2006.

WELZER, Harald: Selbst denken. Eine Anleitung zum Widerstand. Fischer TB, 2014.

WESTOVER, Tara: Befreit. Wie Bildung mir die Welt erschloss. Kiepenheuer & Witsch, 2019.

WIESAUER, Josef: Kraft meines Alters. Wieso Kraft wirklich stark macht. Styria, 2012.

WOOD, Wendy: Good Habits, Bad Habits. Gewohnheiten für immer ändern. Piper, 2022.

Alle Rechte vorbehalten.
© CSV GmbH, Fahndorf/Wien 2023
Textfassung: Christian Seiler
Lektorat: Heike Bräutigam
Umschlaggestaltung & Layout: Andreas Posselt, buero8
Satz: Judith Heimhilcher
Illustrationen: flaticon.com
Korrektorat: Claudia Fritzsche, Texthandlung
Druck & Bindung: Aumayer Druck, Munderfing
ISBN 978-3-903461-03-1

csv.at